Egyptian Arabic Readers

Volume 1

Five Stories for Intermediate Learners

lingualism

Published by Lingualism LLC
www.lingualism.com
contact@lingualism.com

ISBN: 978-1-962752-21-3

Contents and Credits

Editor: Matthew Aldrich
Cover art: Duc-Minh Vu
Audio narration: Heba Salah Ali

This volume contains the following works:

1. **Like Looking in a Mirror**
   Written by Nourhan Sabek
   © 2020 Matthew Aldrich, revised 2025
   Originally published as Egyptian Arabic Reader – Book 1
   ISBN 978-1-949650-11-2
2. **Alexander's Curse**
   Written by Mostafa Abdel Nasser
   © 2020 Matthew Aldrich, revised 2025
   Originally published as Egyptian Arabic Reader – Book 2
   ISBN 978-1-949650-12-9
3. **The Guitar of Love**
   Written by Mohamed Sobhy
   © 2020 Matthew Aldrich, revised 2025
   Originally published as Egyptian Arabic Reader – Book 3
   ISBN 978-1-949650-13-6
4. **My Arranged Marriage**
   Written by Nourhan Sabek
   © 2020 Matthew Aldrich, revised 2025
   Originally published as Egyptian Arabic Reader – Book 4
   ISBN 978-1-949650-14-3
5. **The Secret of Success**
   Written by Mohamed Sobhy
   © 2020 Matthew Aldrich, revised 2025
   Originally published as Egyptian Arabic Reader – Book 5
   ISBN 978-1-949650-25-9

Table of Contents

Introduction

The **Egyptian Arabic Readers** series aims to provide learners with meaningful exposure to authentic Egyptian Arabic through engaging, story-based texts. These stories were originally published individually as standalone readers and are presented here together in omnibus form. The omnibus series consists of three volumes, each containing five stories, for a total of fifteen stories. The stories are intended for intermediate learners at approximately the B1–B2 CEFR level and can be read in any order. Together, they offer a flexible and enjoyable way to build vocabulary, strengthen reading skills, and develop overall fluency.

The Arabic text is presented with tashkeel (diacritics) to support reading and pronunciation. Parallel English translations appear on facing pages (with Arabic on the left-hand pages and English on the right) to help clarify new vocabulary, expressions, and idiomatic usage. These translations are intended as a support tool and can be used selectively as your confidence grows.

Each story is accompanied by comprehension questions with example answers to reinforce understanding and encourage active reading. A sequencing exercise is also included, allowing you to reconstruct key events from the story in their correct order. These features make the readers suitable for self-study, classroom use, or group discussion.

Free accompanying audio is available on the Lingualism website. To access the audio, visit the product page for the individual PDF eBook corresponding to each story, rather than searching for the series as a whole. The price shown on the product page refers to the PDF eBook itself and does not apply to the audio. The audio is free to stream or download and can be accessed by scrolling down the page.

 Visit www.lingualism.com/audio, to stream or download the free accompanying audio.

These same stories are also available in Modern Standard Arabic translation as Modern Standard Arabic Readers, Volume 1.

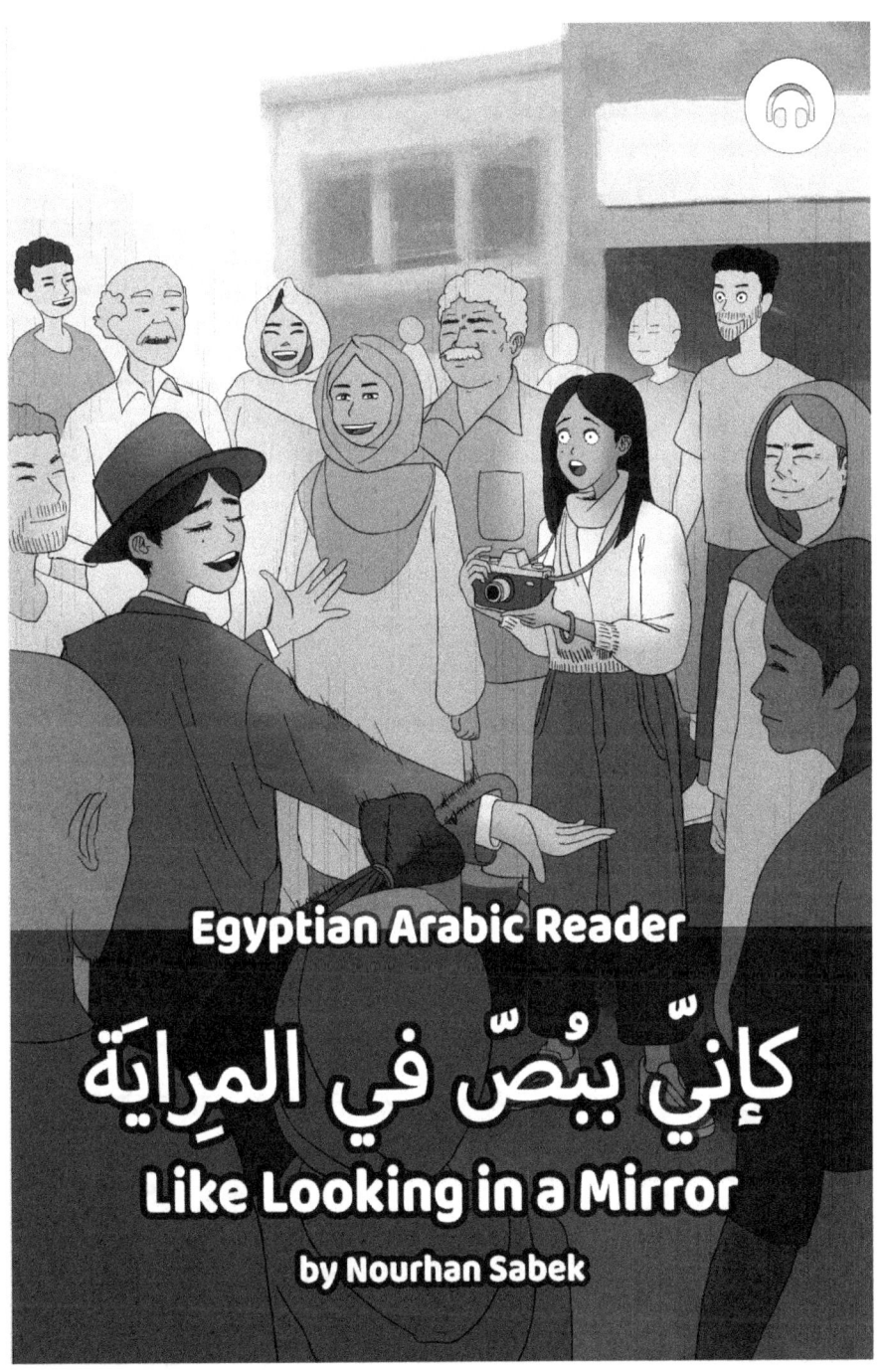

Egyptian Arabic Reader
كإنيّ ببُصّ في المِرايَة
Like Looking in a Mirror
by Nourhan Sabek

Book 1

كإنّي ببُصّ في المرِايَة

أنا داليدا علي مُحمّد. السِّنّ ٣٠ و المِهْنة التّصْوير. بِنْت[1] عادية جِدّاً بِأحْلام كِبيرة. حُبّي لِتصْوير أصْبح الشُّغْل اللي بحِبّ أتْعب فيه. بحِبّ أصوّر الشَّوارِع و النّاس و الحَياة بِأشْكالْها المُخْتلِفة. التّصْوير زيّ كِتابْة القِصّة. الفرْق إنّ الكِتابة بتِـرْسم صورة بِالكلِمات و الصّورة بِتِحْكي قِصّة مِن غيرْ كلِمات. و دي قِصِّتي.

❖ ❖ ❖

يوْم ٢٦ ديسِمْبِر ٢٠٢٠[2]

"ماما، أنا هنْزِل أصوّر." قُلْت أنا و أنا بلْبِس جزْمِتي عنْد باب الشّقّة.

"تمام، خلّي بالِك على نفْسِك."

"حاضِر يا ماما!"

"و متِتْأخّريش عشان نِتْغدّى سَوا."

"تمام يا حبيبْتي."

Like Looking in a Mirror

I'm Dalida Ali Mohamed. Age: 30. Profession: photography. Just an ordinary girl with big dreams. My love for photography became the job I love to work hard at. I love taking photos of streets, people, and life in all its different forms. Photography is like storytelling. The difference is that writing paints a picture with words, while a photo tells a story without words. And this is my story.

❖ ❖ ❖

December 26, 2020

"Mom, I'm going out to take photos," I said as I was putting on my shoes at the apartment door.

"Okay, take care of yourself."

"Will do, Mom!"

"And don't be late so we can have lunch together."

"Alright, my dear."

---

[1] بِنْت *girl* can refer to a child, but also, as here, can refer to a young woman. Likewise, وَلد *boy* can mean *young man, guy*.

[2] ٢٠٢٠ عِشْرين عِشْرين or أَلْفينْ و عِشْرين

❖ ❖ ❖

بعْد ساعة:

وَصلْت وِسْط البلد. بحِبّ وِسْط البلد لإِنّها مِن الشَّوارِع القديمة و اللي بِتْصوّر مصْر زمان و كإِنّها لوْحة مرْسومة أَوْ صورة لأِيّام زمان و التّاريخ اللي بِنْشوفُه في المُسلْسلات أَوْ بنِقْراه في الكُتُب أَوْ بنِسْمع عنُّه في الحِكايات.

في إيدي الكاميرا و بتْمشّى أدوّر على اللّحْظة اللي عايْزاها و اللي تْكون مُخْتلِفة. و فجْأة شُفْت ناس كِتير واقْفين يِتْفرّجوا على حاجة أَوْ حدّ، مِش عارْفة أيْه. قرّبْت عشان أعْرف و لقيْت اللي كُنْت بدوّر عليْه: بِنْت بِتْمثِّل تمْثيل صامِت. "غريبة يْكون فيه حدّ لِسّه مُهْتمّ بِالتّمْثيل الصّامِت في ٢٠٢٠!"

معْرِفْتِش أصوّرْها لإِنّ وِشّها مكانْش بايِن. حضّرْت الكاميرا و اِسْتنّيْت لمّا أحِسّ إنّ الوَقْت مُناسِب عشان أصوّر. و لمّا صوّرْت كان أغْرب حاجة أشوفْها في حَياتي. كُلِّنا بْنِسْمع عن المثل "يِخْلق مِن الشّبهْ أرْبِعين." عُمْري ما صدّقْت إنّ مُمْكِن يِكون فيه حدّ في العالم ده كُلُّه شبهْ التّاني و مُؤْمِنة إنّ ربِّنا خلقْنا مُخْتلْفين.

Audio Track Timestamp: [1:07]

An hour later:

I arrived downtown. I love downtown because it's made up of old streets that capture the Egypt of the past, like a painted picture or a photo from the old days, and the history we see in TV series, read in books, or hear about in stories.

My camera was in my hand as I walked around looking for that moment I wanted—something different. And suddenly, I saw a crowd gathered around something or someone—I didn't know what. I got closer to see, and I found what I was looking for: a girl performing silent acting. "Strange that someone still cares about silent acting in 2020!"

I couldn't take her photo because her face wasn't visible. I got my camera ready and waited for the right moment to shoot. And when I finally took the photo, it was the strangest thing I've ever seen in my life. We all know the saying "God creates forty lookalikes." I never believed someone could look exactly like someone else, and I believe God made us all different.

فِضِلْت بتْفرّج على البِنْت و عيْني مفْتوحين أوي مِن الدّهْشة، و كإنّي ببُصّ في المرايَة، و كإنّ شايْفة صورْتي في المرايَة بسّ بِلِبْس مُخْتلِف. إحْنا الاِتْنين نُسْخة طِبْق الأصْل، و كإنّ فيه مِرايَة قُدّامي.

لمّا العرْض خِلِص و النّاس بدأِت تمْشي و البِنْت بِتْلِمّ حاجِتْها. قرّرْت أكلِّمْها و أعْرف مين هِيَّ و أخلّيها تْشوف إنِّنا شبهْ بعْض.

محسّيْتْش بِنفْسي[1] غيرْ و أنا واقْفة قُدّامْها. البِنْت وِقِفْت و نفْس تعْبير الدّهْشة اللي حسّيْتُه أنا هِيَّ كمان حسِّتُه. و وْقِفْنا ساكْتين لِمُدّة يمْكِن ثَواني و يِمْكِن ساعات، مِش عارْفة قدّ أيْه المُدّة بسّ حسّيْتْها مُدّة طَويلة جِداً.

"إنْتي مين؟!" البِنْت كسرِت جوّ السُّكوت اللي كُنّا فيه و سألِتْني.

"أنا داليدا و إنْتي؟"

"علْيا."

"إزّاي إحْنا الاِتْنين شبهْ بعْض كِده يا علْيا؟!"

"مِش عارْفة."

[2:38]

I kept watching the girl, my eyes wide open in shock, as if I were looking into a mirror—as if I were seeing my reflection, just dressed differently. We were two exact copies, like there was a mirror in front of me.

When the performance ended and people began to leave, and the girl was packing up her things, I decided to talk to her and let her see that we looked alike.

I didn't even realize I was already standing in front of her. The girl stood and had the same shocked expression I had felt. We stood there silently for what might have been seconds or maybe hours— I don't know how long exactly, but it felt like a really long time.

"Who are you?!" the girl broke the silence we were in and asked me.

"I'm Dalida. And you?"

"Alia."

"How are we both this alike, Alia?!"

"I don't know."

---

[1] lit. *I didn't feel myself*; here, it means that she doesn't even remember approaching the girl because she was dumbfounded.

صوْتْها شبهْ صوْتي بِشْوَيّة اِخْتِلاف بسيط. عيْنيْها و شعْرها نفْس لوْن شعْري و عيْنيّا، نفْس الطّول و حتّى نفْس شكْل الجِسْم. كُلّ حاجة فينا شبهْ بعْض.

"وَلا أنا. حاسّة يمْكِن مكُنّاش هنعْرف لَوْ متْقابِلْناش النّهارْده. يمْكِن نصيبْنا نِتْقابِل عشان نِعْرف الشّبهْ اللي بيْنّا ده سببُه أيْه."

"مُمْكِن... عنْدِك حقّ."

"علْيا، مُمْكِن نُقْعُد في مكان و نِتْكلِّم؟"

"تمام!"

اِسْتنّيْتْها تْلِمّ حاجِتْها في شنْطِةْ إيد بِتاعِةْ رِياضة. بصّيْت شْوَيّة لقيْت إنّها مِش بِتْلِمّ فِلوس مِن النّاس عشان يِتْفرّجوا عليْها زيّ ما بِنْشوف في بِلاد برّه[1]. مِش عارْفة إذا كان النّاس مِش عايْزة تِدّيها فِلوس وَلّا هِيَّ مِش بِتِعْمِل كِده عشان الفِلوس.

"إنْتي مِش بِتْلِمّي فِلوس مِن النّاس عشان شافوا العرْض بِتاعِك؟"

علْيا قالِت: "لأ، مِش بلِمّ فِلوس. العرْض مجّاناً لِلجّمْهور عشان يِشوفوا فنّ مُخْتلِف و حِلْو."

[3:56]

Her voice was like mine with a slight difference. Her eyes and hair were the same color as mine, the same height, even the same body shape. Everything about us was alike.

"Me neither. I feel like maybe we wouldn't have known if we hadn't met today. Maybe it's fate that we met to find out the reason behind our resemblance."

"Maybe... you're right."

"Alia, can we sit somewhere and talk?"

"Sure!"

I waited for her to pack her things in a sporty handbag. I looked for a moment and noticed she wasn't collecting money from people for watching her show like they do abroad. I wasn't sure if people didn't want to give her money or if she just wasn't doing it for money.

"You're not collecting money from people for watching your performance?"

Alia said, "No, I don't collect money. The performance is free for the public to enjoy a different and beautiful kind of art."

---

[1] Busking is not common in Egypt.

❖ ❖ ❖

بعْد نُصّ ساعة في المطْعم:

"تِحِبّي تاكْلي حاجة؟" سألِت علْيا و هِيَّ لِسّه بِتْشوف مينْيو المطْعم.

"لأ هطْلُب قهْوَة بسّ."

"تمام، أنا كمان. بِتِشْربي قهْوَة أيْه؟ بشْربْها كابُتْشينو، بِقهْوَة وَسط و اللّبن خالي الدّسم و الرّغْوَة كِتير."

بصّيْتْلها فجْأة و سألِتْني: "أيْه؟ أنا طلبْت حاجة غلط؟"

"لأ خالِص، أصْل أنا بشْربْها كِده برْضُه."

"بِجدّ؟" اِبْتسمِت و كإنّها فِرْحِت إنّ فيه حدّ بِيْشارِكْها نفْس ذوْقْها.

"أه بِجدّ."

طلبْنا القهْوَة. و فِضِلْنا ساكْتين شُوَيّة، لكِن قرّرْت إنيّ أبْدأ الكلام.

"علْيا، أنا إسْمي داليدا، مُصوِّرة و عنْدي ٣٠ سنة. بحِبّ أصوّر النّاس و الشَّوارِع و أدوّر عن القِصص المُخْتلِفة و أحْكي عنْها. قوليلي إنْتي مين و منيْن؟"

"أنا علْيا، عنْدي ٣٠ سنة برْضُه. و بمثِّل في المسْرح لكِن في الوَقْت الفاضي بعْمِل عُروض تمْثيل صامِت في الشَّوارِع زيّ ما شُفْتي كِده."

[5:13]

❖   ❖   ❖

Half an hour later at the restaurant:

"Do you want something to eat?" I asked Alia while she was still looking at the restaurant menu.

"No, I'll just get a coffee."

"Alright, me too. What kind of coffee do you drink? I have a cappuccino, medium coffee, skim milk, and lots of foam."

She suddenly looked at me and asked, "What? Did I order something wrong?"

"Not at all. Actually, I drink it the same way."

"Really?" She smiled, like she was happy to find someone who shared her taste.

"Yes, really."

We ordered the coffee and stayed silent for a bit, but then I decided to start talking.

"Alia, my name is Dalida, I'm a photographer, and I'm 30 years old. I love photographing people and streets and looking for different stories and telling them. Tell me—who are you, and where are you from?"

"I'm Alia, I'm also 30. I act in theater, but in my free time I do silent performances in the streets like what you saw today."

"ليْه؟"

"عشان بحِبُّه، و بَوَصّل نوْع مِن الفنّ مُخْتلِف للنّاس، حِلْمي إنيّ أعْمِل مسْرح لِلتّمْثيل الصّامِت."

"حِلْو أوي!"

"شُكْراً."

جت بِنْت و حطِّت القهْوَة بِتاعِتْنا و سألِتْنا إنّ كُنّا مِحْتاجين حاجة تانْيَة. شكرْتها و قُلْتِلْها إنِّنا مِش مِحْتاجين حاجة.

"علْيا، مين أهْلِك و أيْه قِصِّتِك؟"

"أنا أهْلي ماتوا في حادْثة مِن خمس سِنين..."

"أنا آسْفة، اللّه يِرْحمْهُم."

"وَلا يِهِمِّك، المُهِمّ أنا درسْت تمْثيل و قرّرْت أشْتغل في المسْرح و أعْمِل ڤيدِيوهات على اليوتْيوب. و بعْد كِده جتْلي فِكْرةْ إنيّ أعْمِل عُروض تمْثيل صامِت في الشَّوارِع و أصوّرْها و أنْشُرْها."

و هِيَّ بِتِتْكلِّم اِفْتكرْت و أنا صُغيّرة أوي حَوالي أرْبع أَوْ خمس سِنين، كُنْت بلْعب معَ بِنْت شبهي و كإنيّ بشوف ذِكْرَيات أَوْ أحْلام مِش عارْفة و أفْكاري مِلخْبطة.

[6:36]

"Why?"

"Because I love it, and I bring a different kind of art to people. My dream is to open a theater for silent acting."

"That's really beautiful!"

"Thanks."

A waitress came and placed our coffees and asked if we needed anything else. I thanked her and told her we didn't need anything.

"Alia, who's your family, and what's your story?"

"My parents died in an accident five years ago..."

"I'm so sorry. May God have mercy on them."

"It's okay. What matters is that I studied acting and decided to work in theater and make videos on YouTube. Then I got the idea to do silent performances in the streets and film them and post them."

As she was talking, I remembered something from when I was really little—around four or five years old—I was playing with a girl who looked like me. It felt like a memory or a dream, I wasn't sure. My thoughts were all mixed up.

"تِعْرفي إنيّ حاسّة إنيّ أعْرفِك!"

"و أنا كمان و لِحدّ دِلْوَقْتي مِش فاهْمة الشّبهْ ده إزّاي؟"

"وَلا أنا فاهْمة يا علْيا."

علْيا مِسْكِت كوبّايةْ القهْوَة و شرْبِت مِنْها شُوَيّة. و بصِّتْلي و قالِت:

"داليدا، هُوَّ مُمْكِن نِكون إخْوات؟"

بصّيْتْلها و سِكِتّ شُوَيّة و كُلّ تفْكيري لَوْ هِيَّ فِعْلاً أُخْتي ليْه مترْبّيْناش سَوا؟ و ليْه بِعِدْنا عن بعْض؟ و مين أهْلِنا الحقيقِيّين. أهْلها وَلّا أهْلي؟

"مُمْكِن..." في الآخِر اِتْكلِّمْت و أنا بشْرب قَهْوِتي.

"أنا أهْلى مِش مَوْجودين عشان أسْألْهُم بسّ لَوْ أهْلِك مَوْجودين مُمْكِن نِعْرف مِنْهُم. أيْه رأْيِك؟"

"مُمْكِن يا علْيا. هُوَّ أصْلاً مفيش حلّ أحْسن عشان نِعْرف الشّبهْ اللي بيْنّا ده أيْه؟!"

"و لَوْ مطْلِعْناش إخْوات، معْقول المثل يِطْلع صحّ؟"

"تقْصُدي مثل (يِخْلق مِن الشّبهْ أرْبعين)؟!" ضِحِكْت و أنا بسْألْها.

و هِيَّ كمان ضِحْكِت و قالِت: "آه!"

[7:51]

"You know, I feel like I know you!"

"Me too. And until now, I still don't understand how we look this alike!"

"Neither do I, Alia."

Alia held her coffee cup and took a sip. Then she looked at me and said:

"Dalida, is it possible we're sisters?"

I looked at her and stayed quiet for a moment, thinking: If she really is my sister, why weren't we raised together? Why were we separated? And who are our real parents—hers or mine?

"Maybe..." I finally said as I took a sip of my coffee.

"My family's not around to ask, but if your family is, maybe we can find out from them. What do you think?"

"Maybe, Alia. Honestly, is there a better way to figure out why we look so alike?!"

"And if we're not sisters, could the saying actually be true?"

"You mean the saying 'God creates forty lookalikes'?!" I laughed as I asked her.

She laughed too and said, "Yeah!"

"هتْكون أوِّل مرّة في حَياتي أشوفْها."

"و أنا كمان."

ضِحِكْنا سَوا و في اللّحْظة دي حسّيْت بِراحة غريبة أوي و كإنّي لقيْت حدّ كان غايِب بقالُه سِنين عنّي أَوْ لقيْت صديقة شبهي بمِعْنى الكِلْمة!

سِكِتْنا تاني و كإنّ الكلام خِلِص، أَوْ الكلام مِش مُناسِب في اللّحْظة دي. و عشان أكْسر السُّكوت ده بدأْت أتْكلِّم عن طُفولْتي و أحْلامي.

"تِعْرفي يا علْيا، أنا بحِبّ التّصْوير أوي. و أنا صُغيّرة كُنْت بمْسِك كاميرةْ بابا القديمة و أخلّص كُلّ الفيلْم اللي فيها مِن التّصْوير."

علْيا ضِحْكِت و قالِت: "أمّا أنا بقى، كُلّ ما أشوف فيلْم أفْضل أمثِّلُه في البيْت لِحدّ ما يِتِعْبوا مِنّي أَوْ أشوف الفيلْم اللي بعْدُه."

ضِحِكْنا سَوا و حسّيْت إنِّنا بِنْقرّب لِبعْض بِسُرْعة[1].

"علْيا قوليلي، بِتْحِبّي تِقْري؟"

"أه، بحِبّ أقْرا جِدّاً."

"و أنا كمان. بِتْحِبّ تِقْري أنْواع أيْه مِن الكُتُب؟"

"الرّومانْسية و الدِّراما. و إنْتي بِتْحِبّي تِقْري أيْه؟"

"البوليسية، الدِّراما و أَوْقات الرّومانْسية."

[9:10]

"It would be the first time in my life I've seen it happen."

"Same here."

We laughed together, and in that moment, I felt a strange sense of comfort—like I'd found someone who'd been missing from my life for years, or like I'd found a true lookalike friend in every sense of the word!

We went quiet again, as if there was nothing more to say, or maybe words didn't fit the moment. To break the silence, I started talking about my childhood and dreams.

"You know, Alia, I really love photography. When I was little, I used to hold my dad's old camera and use up all the film taking pictures."

Alia laughed and said, "As for me, whenever I watched a movie, I'd act it out at home until everyone got tired of me or I moved on to the next film."

We laughed together and I felt like we were growing close very quickly.

"Alia, tell me, do you like reading?"

"Yes, I love reading so much."

"Me too. What kinds of books do you like to read?"

"Romance and drama. And you, what do you like to read?"

"Mystery, drama, and sometimes romance."

---

[1] lit. get close to each other quickly

"أيْه فيلْمِك المُفضّل عربي و إنْجِليزي؟" علْيا سألِت.

"بحِبّ فيلْم (صِراع في الوادي[1])، ده العربي، و الإنْجِليزي بحِبّ (ذهبَ[2] معَ الرّيح)."

"أنا كمان بحِبّ الفيلْميْن دوْل أوي."

"بِجدّ يا علْيا! إحْنا شبهْ بعْض في حاجات كِتير الواضِح."

"الواضِح كِده يا داليدا."

فاتِت تلات ساعات بِنْكلِّم عن طُفولِتْنا و حَياتْنا أنا و علْيا مِن غيْر ما نْحِسّ. و كانِت خِطط يوْمي إنّي أصوّر، لكِن القدر خلّاني ألاقي قِصّة مُخْتلِفة، صورة و صوْت و كلام.

قرّرْنا نمْشي بعْد ما أخدْنا تِليفوْنات بعْض.

"سلام، هنِتْكلِّم تاني و نِتْقابِل، صحّ يا داليدا؟"

"أكيد يا علْيا!"

[10:38]

“What’s your favorite movie—Arabic and English?” Alia asked.

“I love the movie *The Blazing Sun*, that’s my favorite Arabic one, and for English, I love *Gone with the Wind*.”

“I love both of those movies too.”

“Really, Alia?! It’s clear we’re alike in so many things.”

“It sure seems that way, Dalida.”

Three hours passed as Alia and I talked about our childhoods and our lives without even realizing it. My plan for the day was to take photos, but fate led me to find a different story—one with image, sound, and words.

We decided to head out after exchanging phone numbers.

“Bye! We’ll talk again and meet up, right Dalida?”

“Of course, Alia!”

---

[1] The movie’s English title is ‘the Blazing Sun,’ but the original title is literally ‘a Struggle in the Valley.’

[2] The Arabic title is Modern Standard Arabic. ذهبَ is راح in Egyptian Arabic.

❖ ❖ ❖

رِجِعْت بيْتي و أنا جُوّايا مِلْيوْن سُؤال. جُوّايا كِتير مِن الأسْئِلة و مكانْش قُدّامي حلّ غيرْ أواجِهْ أهْلي بِكُلّ أسْئِلْتي! مِش عارْفة ردّ فِعْلُهُم أيْه؟ وَلا عارْفة الكلام هَيِوْصل لأِيْه. لكِن عارْفة إنّ المُواجْهة أوْقات بِتْكون أحْسن حلّ.

كُلّ اللي يِعْرفْني، يِعْرف عنّي إنيّ بحِبّ المُواجْهة و الصّراحة، و إنُّهُم أحْسن حلّ لِكُلّ المشاكِل، لكِن الكِدْب و الهُروب مِش حلّ، بِالعكْس بيْزوِّدوا المُشْكِلة.

"ماما، أنا رِجِعْت."

"داليدا حبيبْتي، أنا بتْفرّج على التِّليفْزيوْن، تعالي."

دخلْت أوضِةْ الجُلوس و قعدْت جنْب ماما على الكنبة.

"ماما عايْزاكي في مَوْضوع."

ماما قفلِت التِّليفِزْيوْن و بصِّتْلي.

"داليدا، فيه أيْه؟ صوْتِك غريب."

"غريب إزّاي؟"

"غريب كإنِّك زعْلانة أَوْ مِتْعصّبة أَوْ الاتْنينْ!"

[11:34]

I returned home with a million questions inside me. So many questions and no choice but to face my family with all of them! I had no idea how they would react or where the conversation would lead. But I knew that sometimes confrontation is the best solution.

Everyone who knows me knows I believe in facing things head-on and being honest—that those are the best ways to solve any problem. But lying and running away only make the problem worse.

"Mom, I'm home."

"Dalida, sweetheart, I'm watching TV—come here."

I entered the living room and sat next to Mom on the couch.

"Mom, I need to talk to you about something."

Mom turned off the TV and looked at me.

"Dalida, what's wrong? Your voice sounds strange."

"Strange how?"

"Strange like you're upset or angry—or maybe both!"

فتحْت شنْطِتي و طلّعْت الكاميرا و فتحْتها.

"ماما، بُصّي في الصُّوَر دي."

"مِن إمْتى بِتْوَرّيني صُوَرِك قبْل ما تِشْتغلي عليْهُم و تِطْبعيهُم؟"

"بُصّي بسّ يا ماما!"

أخدِت الكاميرا مِنّي و بدأِت تِتْفرّج على الصُّوَر. معَ كُلّ صورة تعْبير وِشّها بِيِتْغيرّ و عيْنيْها مُنْدهِشة مِن اللي بِتْشوفُه و بدأِت الدُّموع تِنْزِل مِن عيْنيْها و هِنا عِرِفْت إنّها تِعْرف الحقيقة!

"مين دي يا داليدا؟ إنْتي صوّرْتي نفْسِك؟"

و كإنّها بِتْغيرّ الكلام أَوْ مِش مِصدّقة اللي شافِتُه.

"دي مِش أنا يا ماما. دي علْيا!"

"مين؟"

"علْيا، مُمثِّلةْ مسْرح و بِتِعْمِل عُروض تمْثيل صامِت في الشّارِع و تِصوّرْها و تِنزِّلْها على اليوتْيوب."

"مِش مُمْكِن..." ماما قالِت بِصوْت مِش مسْموع أوي، بسّ أنا سِمِعْتها.

"هُوَّ أيْه اللي مِش مُمْكِن؟"

[12:50]

I opened my bag, took out my camera, and turned it on.

"Mom, look at these photos."

"Since when do you show me your photos before working on them or printing them?"

"Just look, Mom!"

She took the camera from me and started looking through the pictures. With each photo, her facial expression changed, her eyes full of surprise at what she was seeing. Then the tears started falling from her eyes, and that's when I knew—she knew the truth!

"Who is this, Dalida? Did you photograph yourself?"

It was like she was changing the subject or just couldn't believe what she was seeing.

"That's not me, Mom. That's Alia!"

"Who?"

"Alia, a theater actress who does silent street performances, films them, and posts them on YouTube."

"It can't be..." Mom said in a barely audible voice, but I heard her.

"What do you mean it can't be?"

ماما فِضْلِت ساكْتة و تِشوف الصُّوَر شْوَيّة و شْوَيّة تانْيَة تِبْصِّلي.

"ماما، فيه أيْه؟ لَوْ سمحْتي قوليلي!"

كُلّ اللي كان نِفْسي فيه إنّها تِتْكلِّم. سِمِعْت صوْت بابا داخِل البيْت و جِهْ يِسلِّم علينْا. ماما قامِت مِن على الكنبة و إدِّتْه الكاميرا و عيْنيْها ملْيانة دْموع و كإنّها خلاص هتْعيّط.

بابا مِسِك الكاميرا و هُوَّ مِسْتغْرب و شاف الصُّوَر و نفْس تعابير ماما هُوَّ كمان حصلُّه زيّها و سألْني: "مين دي يا داليدا؟"

"علْيا، يا بابا!"

فِضِل السُّكوت لِلحْظة، نفْس السُّكوت اللي حصل بيْني و بيْن علْيا، و برْضُه مِش عارْفة السُّكوت ده فِضِل قدّ أيْه لِحدّ ما بابا حطّ إيدْه على كِتْف ماما و قال: "لازِم نِقولْها، هِيَّ كِبْرِت و لازِم تِعْرف."

"أعْرف أيْه؟ إنْتو مِخبّين أيْه عنّي؟"

ماما فِضْلِت ساكْتة و بابا بدأ يِتْكلِّم. كُلّ اللي حسّيْتُه في اللّحْظة دي هُوَّ الخوْف مِن اللي هسْمعُه.

"داليدا، مُمْكِن تُقْعُدي؟"

[14:04]

Mom stayed silent, looking at the photos, then glancing at me again.

"Mom, what is it? Please, tell me!"

All I wanted was for her to speak. I heard Dad come into the house and greet us. Mom stood up from the couch, handed him the camera, her eyes full of tears, like she was about to cry.

Dad held the camera, puzzled, looked at the photos, and had the same expression Mom did. Then he asked me, "Who is this, Dalida?"

"Alia, Dad!"

Silence filled the room for a moment—the same kind of silence that happened between me and Alia. I didn't know how long it lasted until Dad placed his hand on Mom's shoulder and said, "We have to tell her. She's grown up now and needs to know."

"Know what? What have you been hiding from me?"

Mom stayed silent, and Dad began to speak. All I felt in that moment was fear of what I was about to hear.

"Dalida, can you sit down?"

قعدْت عَ الكنبة و بابا قعد جنْبي و ماما قعدِت عَ الكُرْسي اللي جنْب الكنبة.

"لمّا اِتْوَلدْتي كان عنْدِك تَوْأم."

عيْني دمّعِت و بابا أخد نفس و كمِّل كلام:

"بِنْتيْن تَوْأم شبهْ بعْض في كُلّ حاجة. كُلّ حاجة كانِت حِلْوَة و كُنّا مبْسوطين بيكي إنْتي و أُخْتِك. و بعْد ما ماما فِضْلِت في المُسْتشْفى معاكو عشان الدُّكْتور يِشوف حالِتْكو الصِّحّية فترْةْ أُسْبوع. كُلّ حاجة كانِت تمام و رجِعْنا بيْتْنا في وِسْط البلد، بيْتْنا القديم قبْل ما نِنْقِل هِنا. شُفْناكو بِتِكْبروا سَوا سنة وَرا سنة و إنْتو الاِتْنيْن متِتْفرّقوش عن بعْض[1]... لِحدّ ما عُمْركو بقى أرْبع سِنين و بعْد عيد ميلادْكو بِشهْر، أخدْناكو عنْد جِدِّتْكو في الفَيّوم. في الطّريق جِهْ راجِل و فتح العربية و خطف أُخْتِك."

و قبْل ما يِكمِّل فجْأة قُلْت بِعصبية: "إزّاي؟ و إنْتو كُنْتوا فيْن؟ حصل الكلام ده إزّاي؟!"

"إهْدي يا داليدا، خلّي بابا يِكمِّل." ماما قالِتْلي.

[15:30]

I sat on the couch, and Dad sat beside me. Mom sat on the chair next to the couch.

"When you were born, you had a twin."

My eyes welled up with tears as Dad took a deep breath and continued:

"Two twin girls who looked exactly alike in everything. Everything was beautiful, and we were so happy with you and your sister. After Mom stayed in the hospital with you both so the doctor could check on your health for a week, everything seemed fine, and we returned home to our place downtown—our old house before we moved here. We watched you grow together, year after year, inseparable... until you turned four. A month after your birthday, we took you both to your grandmother's house in Fayoum. On the way, a man came, opened the car door, and kidnapped your sister."

Before he could continue, I suddenly said angrily, "How?! And where were you? How did this happen?!"

"Calm down, Dalida. Let your father finish," Mom said to me.

---

[1] lit. you didn't separate from each other

"اللي حصل إنيّ وقِفْت أشْتِري حاجات مِن سوبر مارْكِت في الطّريق، و ماما نامِت مِن التّعْب، و نِسيت إنيّ أقْفل العربية و طول الوَقْت فاكِر و مِتْطمِّن محدِّش هَيِعْمِلُّكو حاجة الصُّبْح بدْري. و جِهْ راجِل خطف أُخْتِك و إنْتي حاوِلْتي تِتْكلِّمي بسّ مكانْش صوْتِك واضِح لِحدّ ما مامْتِك صِحْيِت و ندهِت عليّا و على النّاس عشان يِلاقوا بِنْتِنا، بسّ كان الرّاجِل هِرِب خلاص."

"و بعْديْن؟"

"رِجِعْنا القاهِرة و إنْتي نمْتي مِن العِياط. و طلبْنا البوليس و أهْلِنا كُلُّهُم و بدأْنا نِدوّر. يوْم وَرا يوْم وَرا يوْم و مفيش خبر و شهْر يِعدّي و سنة تِعدّي و مفيش جِديد. و بعْد أرْبع سِنين قرّر البوليس يِقول إنّها ماتِت و فقدْنا الأمل نِلاقيها و إنْتي بدأْتي تِكْبري بِفِكْرِة إنِّك كُنْتي بِتِتْخيّلي صديقة شبهِك و إنِّك عملْتيها في خَيالك عشان تِلْعب معاكي. مقْدِرْناش نِقول الحقيقة و عدِّت السِّنين في قلْبِنا فاكْرين أُخْتِك لكِن مكُنّاش عايْزينِك تِزْعلي وَلا كان قصْدِنا نِخبّي..."

"داليدا، إحْنا عِمِلْنا كِده لإِنّ مبقاش عنْدِنا أمل إنّ أُخْتِك تِرْجع و عشان نِعْرف نرِبّيكي. حاوِلْنا نِحوِّل الحُزْن ده لِفرح و إنِّنا منْخسّرْكيش إنْتي كمان!" ماما قالِت و هِيَّ ماسْكة إيدي و عيْنيْها زعْلانة و بِتْعيّط.

[16:54]

"What happened was, I stopped to buy some things from a supermarket on the way, and your mom had fallen asleep from exhaustion. I forgot to lock the car and kept thinking no one would do anything to you that early in the morning. Then a man came, opened the car door, and kidnapped your sister. You tried to speak, but your voice wasn't clear until your mom woke up and called for me and for help from people, but the man had already gotten away."

"And then?"

"We returned to Cairo, and you fell asleep crying. We called the police and all our relatives, and we started searching. Day after day after day—no news. A month passed, then a year, and still nothing. After four years, the police decided she was presumed dead, and we lost hope of finding her. You started to grow up thinking you had imagined a friend who looked like you—someone you created in your mind to play with. We couldn't bring ourselves to tell you the truth. The years went by, and we kept her in our hearts, always remembering your sister, but we didn't want to make you sad, and we didn't mean to hide it..."

"Dalida, we did this because we had lost hope your sister would return and we wanted to raise you without losing you too!" Mom said as she held my hand, her eyes sad and full of tears.

بابا مِسِك إيدي التّانْيَة و قال: "فينْ البِنْت دي دِلْوَقْتي؟"

"أنا أخدْت نمِرتْها و اِتْكلِّمْت معاها و عِرِفْت إنّها اِتْربِّت في عيْلة كْوَيِّسة أوي و بقِت مُمثِّلةْ مسْرح، بسّ أهْلها ماتوا في حادْثة. تِعْرفوا إنّها بِتْحِبّ كُلّ حاجة شبهي أوي؟"

بابا قال: "إحْنا عايْزين نِقابِلْها."

"هكلِّمْها و نِتِّفِق نِتْقابِل."

بعْد ساعة لمّا هِدينا كُلِّنا، كلِّمْت علْيا و اِتّفقْنا نِتْقابِل في نفْس المطْعم اللي كُنّا فيه سَوا بُكْره.

❖ ❖ ❖

٢٧ ديسِمْبِر ٢٠٢٠

اِتْقابِلْنا كُلِّنا في المطْعم و لمّا علْيا شافِت أهْلى، اِسْتغْربِت في الأوِّل لإِنيّ مقُلْتِش إنُّهُم هَييجوا معايا.

"داليدا، مين دوْل؟" علْيا وِقْفِت جنْبي و قالِت بِصوْت واطي.

"دوْل أهْلي، بابا و ماما! ماما، بابا، دي علْيا!"

[18:41]

Dad held my other hand and said, "Where is this girl now?"

"I took her number and spoke with her. I found out she was raised by a really good family and became a theater actress. But her parents died in an accident. You know, she loves everything I love—just like me!"

Dad said, "We want to meet her."

"I'll call her, and we'll arrange to meet."

An hour later, once we had all calmed down, I called Alia, and we agreed to meet at the same restaurant we were at yesterday.

December 27, 2020

We all met at the restaurant, and when Alia saw my parents, she was surprised at first because I hadn't told her they would be coming with me.

"Dalida, who are they?" Alia stood next to me and asked in a low voice.

"They're my parents—Dad and Mom! Mom, Dad, this is Alia!"

بابا وِقِف و سلِّم على علْيا و فِضِل ماسِك إيديْها شُوَيّة و كُنْت حاسّة إنُّه نفْسُه يُحْضُنْها. ماما وِقْفِت و حضنِت علْيا. في الأوِّل علْيا اِسْتغْربِت بسّ بعْد كِده حضنِت ماما.

"أنا مبْسوطة إنّي اِتْعرّفْت عليْكو و على داليدا."

بابا ردّ و قال: "و إحْنا يا بِنْتي."

ماما فِضْلِت ساكْتة و اِبْتسمِت بسّ.

"تِحِبّوا تُطْلُبوا أيْه؟" سألْتُهُم.

بابا قالّي: "إنْتي عارْفاني أنا و مامْتِك بِنْحِبّ أيْه!"

علْيا قالِت: "و أنا زيّ المرّة اللي فاتِت"

اِبْتسمِت و طلبِت الطّلب. و بدأْنا نِتْكلِّم. شجّعْت بابا يِحْكي الحِكايَة. في البِدايَة علْيا كانِت هتِمْشي، لكِن أنا اِقْنعْتها تِسْمع لِلآخِر. و بعْد ما بابا خلّص الحِكايَة، علْيا عيّطِت و ماما برْضُه و قرّرْنا عشان نِتْأكِّد أكْتر مِن إنِّنا إخْوات.

أنا و علْيا قُلْنا في نفْس اللّحْظة: "خلّينا نِعْمِل تحْليل DNA!"

[19:52]

Dad stood up and shook Alia's hand, holding it for a moment, and I could feel that he wanted to hug her. Mom stood up and hugged Alia. At first, Alia was surprised, but then she hugged Mom back.

"I'm happy to have met you and Dalida."

Dad replied, "And we are too, my daughter."

Mom stayed quiet and just smiled.

"Would you like to order something?" I asked them.

Dad said, "You know what your mom and I like!"

Alia said, "And I'll have the same as last time."

I smiled and placed the order. We began talking. I encouraged Dad to tell the story. At first, Alia wanted to leave, but I convinced her to stay and listen until the end. After Dad finished the story, Alia cried, and so did Mom. We decided to be completely sure we were sisters.

Alia and I said at the same moment: "Let's do a DNA test!"

❖ ❖ ❖

و فِعْلاً اليوْم اللي بعْدُه عملْنا التّحْليل و في يوْم ٣١ ديسِمْبِر طِلْعِت التّحاليل إيجابية و إنّ علْيا أُخْتي. نِهايةْ سنة كانِت ملْيانة كِتير، و بِدايةْ سنة بعْد ما لقيْت أُخْتي، قرّرْنا إنّ علْيا تيجي تِعيش معانا و بدأْنا نِقرّب لِبعْض و نِبْقى إخْوات و أصْحاب و كُلّ اللي فات بِنْعوّضْه سَوا و بِنْحقّق أحْلامْنا سَوا و شايْفين ضِحْكِةْ ماما و بابا كامْلة.

كُنْت زمان بحِسّ ضِحْكِتْهُم مِش كامْلة. عِرِفْت دِلْوَقْتي ليْه. عشان نُصّي التّاني كانِت تايْهة مِنِّنا. أنا و علْيا مُخْتلِفين في الأحْلام لكِن شبهْ بعْض في كُلّ حاجة و ده ريّحْنا سَوا. كُلّ واحِد عنْدُه مشاكْلُه و كُلّ واحِد بطل قِصِّتُه و القِصّة دي أنا و علْيا أبْطالْها.

[21:09]

❖   ❖   ❖

And sure enough, the next day we did the test, and on December 31st, the results came back positive—Alia is my sister. The end of the year had been full of so much, and the beginning of the new year—after I found my sister—we decided Alia would come live with us. We began to grow closer, to become sisters and friends, and together we made up for everything we had missed. We started chasing our dreams together, and we saw the smiles on Mom and Dad's faces finally complete.

I used to feel like their smiles weren't whole. Now I understand why—because my other half was missing. Alia and I are different in our dreams, but we're alike in everything else, and that brought us peace. Everyone has their own struggles, and everyone is the hero of their own story. And this story—Alia and I are its heroes.

Comprehension Questions

1. داليدا بِتِشْتغل أيْه و بِتْحِبّ تْصَوّر أيْه؟
2. داليدا قابْلِت علْيا إزّاي أوّل مرّة؟
3. داليدا حسِّت بِأيْه لمّا شافِت علْيا أوّل مرّة؟
4. أيْه الحاجات المُشْتركة اللي اكْتشفوها داليدا وعليا و هُمّا قاعْدين بيِشْربوا القهْوَة؟
5. داليدا و علْيا كان عنْدُهُم كام سنة؟
6. حصل أيْه لِأهْل علْيا اللي ربّوها؟
7. أهْل داليدا قالولْها الحقيقة عن أُخْتها التّوْأم إمْتى؟
8. التّوْأم كان عنْدُهُم كام سنة لمّا اتْفرّقوا؟
9. علْيا اتْخطْفِت إزّاي؟
10. ليْه أهْل داليدا مقالولْهاش عن أُخْتها التّوْأم قبْل كِده؟
11. علْيا كانِت بِتِشْتغل أيْه؟
12. داليدا و علْيا قرّروا يِعْملوا أيْه عشان يِتْأكّدوا إنُّهم إخْوات؟
13. خدوا نتيجِةْ التّحْليل إمْتى؟
14. حصل أيْه بعْد ما اتْأكّدوا إنُّهم إخْوات؟
15. داليدا قابْلِت علْيا أوّل مرّة إمْتى؟
16. قعدوا قدّ أيْه بيِتْكلّموا في المطْعم أوّل مرّة؟
17. داليدا لاحْظِت أيْه في ضِحْكِةْ أهْلها قبْل ما تِلاقي علْيا؟
18. داليدا كانِت ناوْيَة تِعْمل أيْه في اليوْم اللي قابْلِت فيه علْيا؟
19. أُمّ داليدا عمْلِت أيْه لمّا شافِت صُوَر علْيا؟
20. داليدا مُؤْمِنَة بِأيْه عن المُواجْهة و الصّراحة؟

1. What is Dalida's profession and what does she love to photograph?
2. How did Dalida first meet Alia?
3. What was Dalida's initial reaction when she saw Alia?
4. What similarities did Dalida and Alia discover they shared during their coffee meeting?
5. How old were both Dalida and Alia?
6. What happened to Alia's adoptive parents?
7. When did Dalida's parents reveal the truth about her twin sister?
8. How old were the twins when they were separated?
9. What were the circumstances of Alia's kidnapping?
10. Why didn't Dalida's parents tell her about her twin sister earlier?
11. What was Alia's career?
12. What did Dalida and Alia decide to do to confirm they were sisters?
13. When did they receive the DNA test results?
14. What happened after they confirmed they were sisters?
15. On what date did Dalida first meet Alia?
16. How long did Dalida and Alia's first conversation in the restaurant last?
17. What did Dalida notice about her parents' smiles before finding Alia?
18. What was Dalida originally planning to do the day she met Alia?
19. How did Dalida's mother initially react when shown the photos of Alia?
20. What does Dalida believe about confrontation and honesty?

Answers to the Comprehension Questions

1. داليدا بتِشْتغل مُصَوّرة و بتْحِبّ تْصَوّر الشَّوارِع و النّاس و الحَياة بِأشْكالْها المُخْتلِفة.
2. شافِت علْيا و هِيَّ بتْمثِّل تمْثيل صامِت في وِسْط البلد، و كان فيه ناس كِتير واقْفين يِتْفرّجوا عليها.
3. اِسْتغْربِت أَوي لإنّ علْيا كانِت شبهْها بِالظّبْط، و كإنّها بتْبُصّ في المِرايَة بس بِلِبْس مُخْتلِف.
4. بيِشْربوا نفْس القهْوَة، و بيْحِبّوا نفْس الأفْلام، و الاِتْنيْن بيْحِبّوا القِرايَة.
5. كان عنْدُهُم تلاتين سنة.
6. ماتوا في حادْثة مِن خمس سِنين قبْل القِصّة.
7. قالولْها الحقيقة بعْد ما وَرّتْهُم الصّوَر اللي صوّرتْها لِعلْيا.
8. كان عنْدُهُم أرْبع سِنين، بعْد عيد ميلادْهُم بِشهْر.
9. اِتْخطفِت مِن العربية و هُمّا رايْحين بيْت جِدِّتْهُم في الفَيّوم. أبوهُم مكانْش سايِب العربية مقْفولة لمّا راح يِشْترِي حاجات، و أُمُّهُم كانِت نايْمة.
10. فقدوا الأمل يِلاقوها بعْد أرْبع سِنين لمّا البوليس قال إنّها ماتِت، و كانوا عايْزين داليدا متِزْعلْش.
11. كانِت مُمثِّلةْ مسْرح و بِتِعْمِل عُروض تمْثيل صامِت في الشّارِع و بِتْنزِّل ڤيدْيوهات على اليوتْيوب.
12. قرّروا يِعْملوا تحْليل DNA.
13. النّتيجة الإيجابية جت يوْم ٣١ ديسِمْبِر.
14. علْيا جت تِعيش معاهُم و بدأوا يِعوّضوا الوَقْت اللي فات.
15. يوْم ٢٦ ديسِمْبِر ٢٠٢٠.
16. قعدوا تلات ساعات بيِتْكلّموا مِن غيْر ما يِحِسّوا بِالْوَقْت.

17. كانِت حاسّة إنّ ضِحْكِتْهُم مِش كامْلة، و بعْدين فهْمِت إنّ ده عشان نُصُّهُم كان تايِهْ من بعْض.
18. كانِت ناوْية تِنْزِل و تْصوّر.
19. اِتْأثّرِت و عينيْها دمّعِت و حاوْلِت تِقول إنّ داليدا يمِكْن تْكون صوّرِت نفْسها.
20. هِيَّ بِتِفْتِكِر إنّ المُواجْهة و الصّراحة هُمّا أحْسن حلّ لِكُلّ المشاكِل، و إنّ الكِدْب و الهُروب بِيْزوِّدوا المُشْكِلة أكْتر.

1. Dalida is a photographer who loves photographing streets, people, and life in its various forms.
2. She saw Alia performing as a mime artist in downtown Cairo, where many people had gathered to watch her performance.
3. She was amazed because Alia looked exactly like her, as if she was looking in a mirror but with different clothes.
4. They shared the same coffee preference, enjoyed similar movies, and both loved reading.
5. They were both 30 years old.
6. They died in an accident five years before the story takes place.
7. They revealed the truth after Dalida showed them the photos she took of Alia.
8. They were four years old, one month after their birthday.
9. She was kidnapped from their car while traveling to their grandmother's house in Fayoum. Their father had left the car unlocked while shopping, and their mother was asleep.
10. They lost hope of finding her after four years when police declared her dead, and they wanted to protect Dalida from the pain of loss.
11. She was a theater actress who also performed mime shows in the streets and uploaded videos to YouTube.

12. They decided to take a DNA test.

13. They received the positive results on December 31st.

14. Alia came to live with Dalida and her family, and they began making up for lost time together.

15. December 26, 2020.

16. Their conversation lasted three hours without them realizing it.

17. She felt their smiles weren't complete, and later realized it was because half of their family was missing.

18. She was planning to go out and take photographs.

19. She became emotional, with tears in her eyes, and tried to suggest that maybe Dalida had photographed herself.

20. She believes confrontation and honesty are the best solutions to all problems, while lying and avoidance only make problems worse.

Summary

Read the scrambled summary of the story below. Write the correct number (1–10) in the blank next to each event to show the proper sequence.

___ عِلْيا راحِت تِعيش معَ داليدا و أهْلها و بدأوا يِعوّضوا الوَقْت اللي فات.

___ داليدا كِبْرِت و بقِت مُصوّرة، و عِلْيا كِبْرِت و بقِت مُمثِّلة.

___ داليدا رِجْعِت البيْت و وَرِّت أهْلها الصُّوَر.

___ عمْلوا تحْليل DNA و طِلْعِت النّتيجة يوْم ٣١ ديسِمْبِر إنُّهْم فِعْلاً إخْوات.

___ قعدوا في مطْعم و اكْتشفوا إنُّهم شبهْ بعْض في حاجات كِتير.

___ الأهْل حكوا لِداليدا الحقيقة عن أُخْتها التَّوْأم.

___ يوْم ٢٦ ديسِمْبِر ٢٠٢٠، داليدا شافِت عِلْيا وهِيَّ بِتْمثّل في وِسْط البلد.

___ عِلْيا اتْخطْفِت مِن العربية و هُمّا رايْحين الفَيّوم و البوليس قال إنّها ماتِت بعْد ما قعدوا أرْبع سِنين يِدوّروا عليْها.

___ تاني يوْم، الأهْل قابْلوا عِلْيا في المطْعم و حكولْها القِصّة.

___ داليدا و عِلْيا اتْوَلدوا تَوْأم و عاشوا معَ بعْض لِحدّ ما كان عُمْرُهْم أرْبع سِنين.

Key to the Summary

10 Alia moved in with Dalida and her parents, and they began making up for lost time.

3 Dalida grew up to become a photographer, and Alia grew up to become an actress.

6 Dalida returned home and showed her parents the photos.

9 They did a DNA test, and the results came back on December 31st confirming they were sisters.

5 They sat in a restaurant and discovered they had many things in common.

7 The parents told Dalida the truth about her twin sister.

4 On December 26, 2020, Dalida saw Alia performing downtown.

2 Alia was kidnapped from the car on the way to Fayoum, and police declared her dead after four years of searching.

8 The next day, the parents met Alia at the restaurant and told her the story.

1 Dalida and Alia were born twins and lived together until they were four years old.

لعْنةْ الأسْكِنْدر
Alexander's Curse
by Mostafa Abdel Nasser
Egyptian Arabic Reader

Book 2

لعْنِةْ الإسْكنْدر

"ريحِةْ يود بحْر إسْكِنْدِرية عُمْرك ما هتِنْساه، وَلا هتْشِمُّه في أيّ حِتّة تانْيَة في العالم. حاسِب مِن بنات إسْكِنْدِرية يا باشا!" دي كانِت آخِر كلِمات سِمِعْها قاسِم قبْل ما يِرْكب القطْر. كلِمات العرّافة اللي بقالْها تلات أيّام بِتُقْعُد جنْب مدْخل محطِّةْ القطْر.

قاسِم كان مُقْتنع إنّ العرّافات حرامية، بسّ دمُّهُم خفيف. بِيِبْذِلوا مجْهود في التّحْضير لِلعرْض بِتاعْهُم و ده يِخلّيهُم يِسْتاهْلوا الفِلوس اللي بِياخْدوها مِن النّاس. رغْم إنُّهُم بِيْقولوا كلام عامّ. أيْه الشّطارة إنيّ أقولّك و إنْتَ على باب محطِّةْ القطْر إنّ قُدّامك سِكِّةْ سفر؟ كلام فارِغ!

لكِن قاسِم كان مُقْتنع إنّ كُلّ النّاس تِسْتاهِل تِتْسِمِع، لكِن مِش كُلّ النّاس تِسْتاهِل تِتْصدّق.

دخل قاسِم الكابينة بِتاعْتُه في قطْر السّاعة تِسْعة الصُّبْح اللي رايِح إسْكِنْدِرية. قعد و حطّ رِجْل على رِجْل[1]، قعْدِةْ ظابِط شُرْطة.

Alexander's Curse

"The smell of the sea in Alexandria—you'll never forget it, and you'll never smell it anywhere else in the world. Watch out for the girls of Alexandria, Pasha!" These were the last words Qassem heard before he boarded the train. Words from the fortune-teller who had been sitting by the entrance of the train station for the past three days.

Qassem believed that fortune-tellers were thieves, but he found them amusing. They put effort into preparing their act, and that made them deserve the money they got from people. Even though they spoke in general terms. What's so impressive about telling someone at the entrance of a train station that a journey lies ahead? Nonsense!

But Qassem believed that everyone deserves to be heard, though not everyone deserves to be believed.

Qassem entered his cabin on the 9 a.m. train heading to Alexandria. He sat down and crossed one leg over the other, like a police officer.

---

[1] حطّ رِجْل على رِجْل lit. *he put leg over leg*

قاسِم سُلْطان عفيفي، أكْفأ ظابِط شُرْطة في جِهاز الأمْن المصْري، و أكْتر ظابِط شُرْطة الإنْجِليز بيِكْرهوه. چينات البوليس كانِت مزْروعة جُوّاه. جِدُّه و أبوه كانوا مِن أحْسن الظُّبّاط في مصْر و شارْكوا في الثَّوْرة اللي كانِت مِن ١٨٧٩ لِ ١٨٨٢[1] و ده خلّى الإنْجِليز يِكْرهوهُم.

قاسِم برْضُه كان مِن المُعْترِضين على السِّياسة الإنْجِليزية في مصْر و شارِك معَ النّاس في ثَوْرِةْ ١٩١٩[2]. و لكِن لإِنُّه إبْن ظُبّاط و مِن أغْنى أغْنِياء مصْر، محدِّش قِدِر يِرْفِدُه زيّ زمايْله، و لكِن كان رئيسُه بِيِسْتمْتِع إنُّه يِدّيلُه مُهِمّات تافْهة عشان يِضايْقُه.

زيّ المُهِمّة اللي كان طالِعْها اليوْم ده، يوْم خميس في نُصّ ديسِمْبِر، و البرْد كان زيّ التّلْج في جِسْم قاسِم، تلات سِنين بعْد ثَوْرِةْ ١٩١٩.

❖ ❖ ❖

كان لِسّه مزاجُه مِتْعكّر مِن حِوارُه معَ رئيسُه اليوْم اللي قبْلُه، و كُلّ ما يِفْتكِر كلامُه يِلاقي نفْسُه بِيْوَلّع سيجارة عشان مَيِفْقدْش أعْصابُه.

"ده يوْم يا قاسِم! هتروح إسْكِنْدِرية بُكْره، و تِرْجع القاهِرة يوْم الجُمْعة."

Qassem Sultan Afifi, the most competent police officer in the Egyptian security service, and the officer most hated by the British. Policing ran in his blood. His grandfather and father were among the best officers in Egypt and took part in the revolution from 1879 to 1882, which made the British hate them.

Qassem, too, was among those who opposed British policy in Egypt and joined the people in the 1919 revolution. But because he was the son of officers and one of the wealthiest men in Egypt, no one could fire him like they did his colleagues. Still, his superior took pleasure in assigning him petty tasks just to irritate him.

Like the mission he was on that day—a Thursday in mid-December—and the cold felt like ice on Qassem's body, three years after the 1919 revolution.

❖ ❖ ❖

He was still in a foul mood from his conversation with his superior the day before, and every time he remembered his words, he found himself lighting a cigarette so he wouldn't lose his temper.

"It's just one day, Qassem! You're going to Alexandria tomorrow and coming back to Cairo on Friday."

---

[1] أَلْف تمُّنْمية اِتْنينْ و تمانين ١٨٨٢ ;أَلْف تمُّنْمية تِسْعة و سبْعين ١٨٧٩

[2] أَلْف تُسْعُمية و تِسعْتاشر ١٩١٩

و لمّا رئيسُه حسّ إنُّه مِتْضايِق شرحْلُه: "الإنْجِليز عامْلين دَوْشة على الرّاجِل اللي مات مِن تلات أيّام ده. و لَوْ مبعتْناش حدّ هَيْقولوا إنِّنا مِش مُهْتمّين، أَوْ يمْكِن يِقولوا إنّ إحْنا اللي قتلْناه. مِش عايْزين مشاكِل يا قاسِم. هُمّا خايْفين تِكون العِصابات اللي بِتِخْطف العساكِر رِجْعِت تاني، بسّ كُلّ اللي في إسْكِنْدِرية عارْفين إنّها لعْنِةْ الإسْكنْدر."

"إنْتَ بِتْصدّق في الخُرافات دي؟"

"خُرافات؟ إنْتَ عارِف كام واحِد مات و هُوَّ بِيْدوّر على قبْر الإسْكنْدر المقْدوْني؟"

"لأ، معْرفْش."

"طبْعاً متِعْرفْش. عشان كِده بِتْقول خُرافات."

❖ ❖ ❖

نفخ قاسِم آخِر نفس مِن السّيجارة و هُوَّ بِيِضْحك على رئيسُه اللي زيّ عامِّةْ الشّعْب بِيْصدّق الخُرافات... و يمْكِن يِكون بِيْجيب العرّافة كُلّ يوْم تِشوفْلُه حظُّه... لِدرجِةْ إنُّهْم بِيْحذّروا هاوَرْد كارْتر اللي اِكْتشف مقْبرِةْ توت عنْخ آمون مِن لعْنِةْ الفراعْنة.

[2:58]

And when his superior sensed that he was upset, he explained to him: "The British are making a fuss about that man who died three days ago. And if we don't send someone, they'll say we're not interested—or maybe they'll say we're the ones who killed him. We don't want trouble, Qassem. They're afraid the gangs that used to kidnap soldiers have come back, but everyone in Alexandria knows it's Alexander's Curse."

"You believe in those superstitions?"

"Superstitions? Do you know how many people died while searching for the tomb of Alexander the Macedonian?"

"No, I don't know."

"Of course you don't. That's why you call it superstition."

Qassem exhaled the last puff of his cigarette, laughing at his superior who, like the general public, believed in superstitions... and maybe even had a fortune-teller come every day to read his fortune... to the point that they were warning Howard Carter, who discovered Tutankhamun's tomb, about the Curse of the Pharaohs.

كان القطْر داخِل محطّةْ إسْكِنْدِرية و قاسِم بِيِقْفِل الجُرْنال و بِيِقْرا آخِر صفْحة. أخد شنْطِتُه و نزِل لقى عسْكري مِسْتنّيه جنْب الكاريتة اللي هتْوَدّيه الفُنْدُق.

أوِّل ما طِلِع مِن المحطّة ريحةْ اليود حضْنِتُه. و رِجْعِتْلُه ذِكْرَيات كِتير كان بِيْحِبّها و ذِكْرَيات كِتير كان بِيِهْرب مِنْها. أوِّل بِنْت حبّها كانِت مِن إسْكِنْدِرية. كانِت يونانية و إسْمها مارِيا. و لمّا أبوه موافِقْش إنُّه يِتْجوِّز أجْنبية، مقدِرْش يروح إسْكِنْدِرية تاني.

كُلّ الشّوارِع بِتْفكّرْه بيها، و بِتْفكّرْه بِنفْسُه لمّا كان بِيِبْقى معاها. مِشْيوا معَ بعْض تقْريباً في كُلّ مِترْ في إسْكِنْدِرية. لكِن خمس سِنين غيرّوا كِتير في الشّوارِع.

❖ ❖ ❖

صوْت الحُصان و هزّةْ العربية لمّا وِقْفِت قُدّام الفُنْدُق قطعوا أفْكار قاسِم. نزِل لقى فُنْدُق مِن دوْريْن لوْنُه أبْيَض باهِت. الشّمْس و الملْح بِيْخلّوا المباني شكْلها تَعْبان.

وِسْط ترْحيب شِديد مِن مُدير الفُنْدُق، أخد قاسِم مُفْتاح أوْضْتُه و مِشي وَرا شيّال الشُّنط. رغم إنّها كانِت شنْطة واحْدة و مِش تِقيلة، لكِن هُوَّ كان طمْعان في البقْشيش اللي هَياخْدُه مِن الظّابِط.

[4:12]

The train was pulling into Alexandria Station and Qassem was folding his newspaper, reading the last page. He grabbed his bag and got off, finding a soldier waiting for him beside the carriage that would take him to the hotel.

As soon as he stepped out of the station, the smell of iodine embraced him. It brought back many memories he loved—and many he had been running from. His first love was a girl from Alexandria. She was Greek, and her name was Maria. When his father didn't approve of him marrying a foreigner, he couldn't bring himself to return to Alexandria again.

Every street reminded him of her, and reminded him of who he was when he was with her. They had walked together through nearly every meter of Alexandria. But five years had changed a lot in the streets.

The sound of the horse and the jolt of the carriage when it stopped in front of the hotel snapped Qassem out of his thoughts. He got out and saw a two-story hotel, its color a faded white. The sun and the salt made buildings look worn out.

Amid a warm welcome from the hotel manager, Qassem took the key to his room and followed the porter. Even though it was just one suitcase and not heavy, the porter was hoping for the tip he'd get from the officer.

“إنت شغّال هِنا مِن زمان؟” سأل قاسِم الشّيّال.

“آه يا باشا، أنا شغّال هِنا مِن خمس سِنين.”

“أُمّال الرّاجِل الإنْجِليزي مات إزّاي؟”

“لعْنِةْ الإسْكندر يا باشا. هُوَّ كان عالِم آثار و كان كُلّ يوْم يُخْرُج الصُّبْح و يِرْجع بعْد المغْرب.”

“كان بِيرْوح فيْن؟”

“محدِّش يِعْرف يا باشا. فيه ناس شافوه عنْد القلْعة في بحري. و فيه ناس شافوه في المكان القديم اللي كان فيه مكْتبِةْ إسْكِنْدِرية. و فيه ناس شافوه عنْد عمود السَّواري. و فيه ناس شافوه عنْد الجامِع الكِبير.”

“و آخِر يوْم؟”

[5:51]

"Have you worked here long?" Qassem asked the porter.

"Yes, Pasha, I've worked here for five years."

"So how did the Englishman die?"

"Alexander's Curse, Pasha. He was an archaeologist, and every day he'd go out in the morning and come back after sunset."

"Where would he go?"

"No one knows, Pasha. Some people saw him near the Citadel in Bahari. Some saw him at the old site of the Library of Alexandria. Others saw him at Pompey's Pillar. And some saw him at the big mosque."

"And on the last day?"

"آخِرِ يوْمِ يا باشا محدِّش شافُه. آخِر مرّة مُوَظّف الاِسْتِقْبال شافُه، خارِج مِن باب الفُنْدُق و طول اليوْمِ محدِّش شافُه في أيّ حِتّة في إسْكِنْدِرية. و لمّا مروّحْش، خرجْنا تاني يوْمِ الصُّبْح نِدوّر عليْه. لِقيناه ميِّت عنْد عمود السَّواري و هِدومُه كُلّها غرْقانة مايّة. النّاس قالِت يِمْكِن غرِق، بسّ لَوْ غرِق كُنّا لِقيناه على الشّطّ في أيّ حِتّة على الكورْنيش. إنّما راح المسافة دي كُلّها بعْد ما غرِق لِعمود السَّواري إزّاي؟ أكيد الإسْكنْدر هُوَّ اللي شدُّه في المايّة لِغايِةْ ما غرِق و بعْديْن رماه جُوّه إسْكِنْدِرية، وِقِع جنْب عمود السَّواري عشان يِبْقى عِبْرة لِكُلّ اللي يِحاوِل يِدوّر على قبْر الإسْكنْدر تاني."

قعد قاسِم قُدّام شِبّاك أوْضْتُه و هُوَّ بِيْنْفُخ دُخّان سيجارْتُه ناحْيِةْ البحْر. الشّيّال بِيِتْكلِّم زيّ رئيسُه في الشُّغْل، مفيش فرْق. فكّر إنُّه مَيِهْتمِّش و يِتقبل فِكْرِةْ اللّعْنة دي و يِقضّي اللّيْلة و يِرْجع تاني يوْمِ و تِبْقى خِلْصِت الحدّوتة. لكِنُّه فِضِل حاسِس إنّ فيه حاجة غلط، و ضميرُه مقْدِرْش يِسامْحُه على إنُّه يِقصّر في شُغْلُه، و عقْلُه مقْدِرْش يِسامْحُه على إنُّه يِسيب الجهْل و الخُرافات هِيَّ اللي تاخُدْلُه قرارُه.

طفى السّيجارة و نِزِل مِن الأوْضة و طلب مِن المُدير إنُّه يِخصّصْلُه كاريتة يِروح بيها عمود السَّواري.

[6:37]

"On the last day, Pasha, no one saw him. The last time the receptionist saw him, he was leaving the hotel. And the whole day, no one saw him anywhere in Alexandria. When he didn't return, we went out the next morning to look for him. We found him dead near Pompey's Pillar, and all his clothes were soaked in water. People said maybe he drowned, but if he had drowned, we would've found him somewhere on the Corniche. But how did he travel that whole distance after drowning, all the way to Pompey's Pillar? It must have been Alexander who pulled him through the water until he drowned, then tossed him into Alexandria—he landed beside Pompey's Pillar to be a lesson for anyone who tries to look for Alexander's tomb again."

Qassem sat in front of his room's window, blowing cigarette smoke toward the sea. The porter talked just like his boss at work—no difference. He thought about not caring, accepting the idea of the curse, spending the night, and going back the next day, letting the story end there. But he kept feeling like something was wrong, and his conscience wouldn't let him neglect his duty, and his mind wouldn't forgive him for letting ignorance and superstition make his decisions.

He put out his cigarette, left the room, and asked the manager to arrange a carriage to take him to Pompey's Pillar.

❖ ❖ ❖

أوِّل ما وِقِف جنْب العمود حطّ إيده على شفايْفُه... مكان أوِّل بوسة مِن شفايِف مارِيا. قلْبُه كان بِيْدُقّ جامِد و بِيِجْري في صِدْرُه. و دقّات قلْبُه كانِت بِتْسابِق بعْضها.

بعْد ما فتِّش المكان، مكانْش فيه حاجة غريبة، كإنّ المكان مكانْش فيه قتيل مِن كام يوْم.

بعْدها طلب مِن مأْمور القِسْم إنُّه يِجْمعْلُه الصّيّادين يِتْكلِّم معاهُم.

مأْمور القِسْم قالُّه: "إسْكِنْدِرية فيها أكْتر مِن ٥٠ صيّاد. هتِتْكلِّم معاهُم كُلُّهُم؟"

"أَيْوَه، هتْكلِّم معاهُم كُلُّهُم. أنا فاضي[1]."

في خِلال ساعة جْمعولُه ٥٣ صيّاد.

سألْهُم: "مين كان في البحْر يوْم الحادْثة؟"

محدِّش ردّ عليْه إلّا راجِل كِبير عُمْرُه أكْتر مِن ٦٠ سنة، و دقْنُه مِش باقي فيها شعْرة سوْدا. "محدِّش كان في البحْر إمْبارِح يا باشا. المطر كان كِتير جِدّاً و كُلِّنا خُفْنا."

"يَعْني محدِّش شاف الرّاجِل الإنْجِليزي يوْم ما مات؟"

[8:27]

❖ ❖ ❖

As soon as he stood beside the pillar, he placed his hand on his lips—the place where Maria had given him his first kiss. His heart was pounding hard, racing inside his chest. His heartbeats were chasing each other.

After searching the area, there was nothing strange—it was as if no one had died there just days ago.

After that, he asked the police chief to gather the fishermen so he could talk to them.

The police chief told him, "There are more than 50 fishermen in Alexandria. You're going to talk to all of them?"

"Yes, I'll talk to all of them. I've got time."

Within an hour, they gathered 53 fishermen for him.

He asked them, "Who was out at sea on the day of the incident?"

No one answered him except for an old man over 60 years old, whose beard no longer had a single black hair. "No one was at sea yesterday, Pasha. The rain was very heavy, and we were all afraid."

"So no one saw the Englishman on the day he died?"

---

[1] أنا فاضي I am free; that is, I have enough time

"لأ يا باشا. لعْنةْ الإسْكنْدر محدِّش بِيْشوفْها."

مرّة كمان قاسِم يِلاقي نفْسُه قُصاد لعْنة الإسْكنْدر.

❖ ❖ ❖

شيْء غريب إنّ النّاس تِصدّق حاجة بِالشّكْل ده رغْم إنّ محدِّش شافْها. كُلّ الحِكايات بِتْقول نفْس التّفاصيل. شخْص يِدوّر على قبْر[1] الإسْكنْدر الأكْبر و بعْد شُهور يِلاقوه ميِّت في مكان غريب.

القِصّة اِبْتدِت بِراجِل مصْري مِن ١٠٠ سنة. كان راجِل غني و قرّر إنُّه يِصْرِف فِلوسُه على البحْث عن قبْر الإسْكنْدر الأكْبر. لكِن بعْد شهر واحِد مِن البحْث لِقْيوه ميِّت عنْد القلْعة. بعْدُه جِهْ مصْري تاني و بعْدُه مصْري تالِت لِغايِةْ ما المصْرِيين اِقْتنعوا بِلعْنِةْ الإسْكنْدر و قرّروا إنّ مفيش مصْري يِدوّر على قبْر الإسْكنْدر.

لكِن اليونانِيين و اللّإيطالِيين اللي كانوا عايْشين في إسْكِنْدِرية مصدّقوش الأُسْطورة دي و قرّروا إنُّهْم يِدوّروا هُمّا على قبْر الإسْكنْدر لِدرجِةْ إنّ بقى فيه وَظيفة إسْمها (باحِث عن قبْر الإسْكنْدر). و شباب كِتير جِهْ مِن أوروبّا عشان يِشارِك في فِرق البحْث دي. و لكِن معَ وَفاةْ رئيس الفريق كان باقي الفريق بِيْخاف و يِحْجِز تذْكرة على أوِّل مرْكِب راجْعة أوروبّا. و

[9:46]

"No, Pasha. Alexander's Curse—no one sees it."

Once again, Qassem found himself face to face with Alexander's Curse.

❖ ❖ ❖

It's strange how people believe in something like that even though no one has ever seen it. All the stories share the same details: someone searches for the tomb of Alexander the Great, and after months, they're found dead in some strange place.

The story began with an Egyptian man a hundred years ago. He was a wealthy man and decided to spend his money searching for the tomb of Alexander the Great. But just one month into the search, they found him dead near the Citadel. After him came another Egyptian, then a third, until Egyptians became convinced of Alexander's Curse and decided that no Egyptian should ever search for the tomb again.

But the Greeks and Italians who were living in Alexandria didn't believe in that legend and decided to search for Alexander's tomb themselves—to the point that there came to be a job titled "Seeker of Alexander's Tomb." Many young men came from Europe to join these search teams. But whenever the team leader died, the rest of the team would get scared and book a ticket on the first ship

---

[1] قبْر can be pronounced *qabr* or *ʔabr*.

اِنْدثرِت وَظيفةْ الباحِث عن قبرْ الإسْكنْدر و البحْث بقى نشاط فرْدي لِأشْخاص قلْبها قَوي[1] أَوْ فاضِل في عُمْرها سِنين قُليِّلة.

مكانْش قُدّام قاسِم غيرْ إنُّه يِروح النّاحْيَة التّانْيَة مِن البحْر، ناحْيِةْ الأجانِب أَوْ زيّ ما كان بِيْحِبّ يِسمّيها (ناحْيِةْ مارِيا)، النّاحْيَة اللي كان عايِش فيها ناس مِن اليونان، و مِن إيطاليا، و مِن إنْجِلْترا. النّاحْيَة اللي محدِّش فيها كان بِيِسْأل التّاني دينُه أيْه. إسْكِنْدِرية زيّ أتينا و زيّ روما، شَوارِعْها عليْها البصْمة الرّومانية. و مارِيا زيّ فينوس، الهِةْ جمال بِتِأْسِر قلْب كُلّ اللي عيْنُه تُقع عليْها.

❖ ❖ ❖

أوِّل ما دخل الحُصان ناحْيِةْ الأجانِب، قاسِم عيْنيْه كانِت بِتْدوّر في كُلّ رُكْن على حبيبْتُه. كان مِسْتنّي يِلْمح خَيالْها وَرا ڤاتْرينِةْ أيّ دُكّان.

اِجْتمع أصْحاب المحلّات حَواليْه و كُلُّهُم قالوا نفْس الرِّوايَة: "يوْم الحادْثة محدِّش شاف الرّاجِل الإنْجِليزي."

سألْهُم قاسِم: "سِمِعْتوا عن لعْنِةْ الإسْكنْدر؟"

[11:26]

back to Europe. And so the job of Seeker of Alexander's Tomb faded away, and the search became a personal mission for people with strong hearts—or for those who only had a few years left to live.

Qassem had no choice but to go to the other side of the sea—the side of the foreigners, or as he liked to call it, "Maria's side," the side where people from Greece, Italy, and England lived. The side where no one asked anyone else about their religion. Alexandria was like Athens and like Rome—its streets bore the Roman imprint. And Maria was like Venus, a goddess of beauty who captured the heart of anyone who laid eyes on her.

❖ ❖ ❖

As soon as the horse entered the foreign quarter, Qassem's eyes were scanning every corner, looking for his beloved. He was waiting to catch a glimpse of her silhouette behind the window of any shop.

The shop owners gathered around him, and all of them told the same story: "On the day of the incident, no one saw the Englishman."

Qassem asked them, "Have you heard of Alexander's Curse?"

---

[1] قَوي can be pronounced qáwi or ʔáwi.

بعْضُهُم خاف و بعْضُهم ضِحِك و بعْضُهُم قال إنّ دي حِكايَة اِخْترعِتْها العِصابات اللي كانِت بتِخْطف و تِقْتِل الإنْجِليز عشان يِخوِّفوا الجيش الإنْجِليزي وإنه أكيد اللي عمل كِده حدّ مِن العِصابات دي. لكِن ردّ عليْه راجِل إيطالي و قالُّه إنّ ده كان مِن أكْتر مِن ٥٠ سنة و بعْديْن مِش بسّ الإنْجِليز اللي كانوا بيِخْتِفوا.

كُلّ الطُّرُق كانِت مقْفولة في وِشّ قاسِم. و كُلّ الكلام كان بيْدوّر و يِرْجع عن نفْس النُّقْطة، حتّى لَوْ كانِت التّفْسيرات مُخْتلِفة، ما بيْن أساطير و اِحْتِمالات، لكِن محدِّش يِعْرف حاجة و محدِّش شاف اللي حصل.

❖ ❖ ❖

قاسِم رِجِع الفُنْدُق و هُوَّ ملْيان بِاليَأْس و حاسِس إنُّه ماشي في طريق مسْدود. فاق لمّا مُوَظّف الاِسْتِقْبال ندهْ عليْه لِلمرّة التّالْتة عشان يِقولُّه إنّ ليْه رِسالة. فتح الرِّسالة ملْقاش عليْها إسْم، كُلّ اللي مكْتوب كان (خلّيك ماشي وَرا البحْر).

"مين اللي ساب الرِّسالة دي؟"

"سِتّ كِده شكْلها غريب و بِتْقول كلام غريب."

قاسِم عِرِف إنّ العرّافة مَوْجودة في إسْكِنْدِرية، لكِن مكانْش عارِف أيْه اللي مُمْكِن يِكون جابْها هِنا، و ليْه سابِتْلُه الرِّسالة دي؟

[12:48]

Some of them were scared, some laughed, and some said it was a story invented by the gangs that used to kidnap and kill the British to scare the British army—and that it was definitely one of those gangs who did it. But an Italian man responded, saying that was more than fifty years ago, and besides, it wasn't only the British who used to disappear.

Every path was blocked in Qassem's face. Every conversation circled back to the same point. Even if the explanations differed—between legends and possibilities—no one really knew anything, and no one saw what had happened.

Qassem returned to the hotel filled with despair, feeling like he was walking down a dead-end road. He snapped out of it when the receptionist called him for the third time to tell him he had a message. He opened the note and found no name—just the words: "Keep walking along the sea."

"Who left this message?"

"A woman… kind of strange-looking and saying strange things."

Qassem realized the fortune-teller was in Alexandria, but he didn't know what could have brought her here, or why she had left him that message.

مُوَظّف الاِسْتِقْبال سألُه: "تِحِبّ نِحضّرْلك العربية إمْتى بُكْره عشان تِوَصّلك المحطّة؟"

قاسِم فكّر لِمُدِّةْ دقيقة و بعْديْن ردّ: "لأ، أنا مِش هسافِر بُكْره و ياريْت تِغيّرْلي معاد التّذكْرة دي لِبعْد بُكْره الصُّبْح."

❖ ❖ ❖

ليْلِةْ قاسِم كانِت ملْيانة قلق و أحْلام غريبة. كُلّ التّفاصيل اللي سِمِعْها طول اليوْم كانِت بِتِتْخانِق في دِماغُه لِغايِةْ ما الدُّنْيا نوّرِت.

شرِب قهْوِتُه معَ سيجارِةْ الصُّبْح و اِتْحرّك تاني على بحري. بسّ المرّة دي مبلّغْش حدّ.

البحْر كان هادي و ده شجّع الصّيّادين إنُّهُم ياخْدوا مراكِبْهُم و يِنْزِلوا البحْر. ما بينْ الرِّجالة لمح صيّاد و إبْنُه مكانْش شافْهُم اليوْم اللي قبْلُه. قرّب مِنْهُم و سلِّم عليْهُم.

"أنا مشُفْتُكوش إمْبارِح ليْه؟"

ردّ عليْه أبو الوَلد: "معْلِشّ يا باشا، أصْل الواد كان محْجوز في المُسْتشْفى."

"ألْف سلامة عليْك، مالك؟"

[14:25]

The receptionist asked him, "When would you like us to prepare the carriage to take you to the station tomorrow?"

Qassem thought for a minute, then replied, "No, I'm not leaving tomorrow. Please change my ticket to the morning after tomorrow."

Qassem's night was filled with anxiety and strange dreams. All the details he had heard throughout the day were fighting in his mind until the morning light broke.

He drank his morning coffee with a cigarette and headed back to Bahari. But this time, he didn't inform anyone.

The sea was calm, which encouraged the fishermen to take their boats out. Among the men, he spotted a fisherman and his son whom he hadn't seen the day before. He approached them and greeted them.

"Why didn't I see you yesterday?"

The boy's father replied, "Sorry, Pasha, the boy was admitted to the hospital."

"Wishing you good health. What happened to you?"

"أصْل يا باشا..." قبْل ما الرّاجِل يِكمِّل كلامُه قاسِم قاطْعُه.

"إنْتَ يابْني، متِعْرفْش تِتْكلِّم وَلّا أيْه؟"

ردّ عليْه الوَلد بِصوْت خافِت مبْحوح.

أبو الوَلد قال لِقاسِم: "معْلِشّ يا باشا، أصْل صوْتُه رايِح مِن العَيا."

"كان مالُه؟"

"يِظْهر خد شُوَيِّةْ برْد جامْدين و مكانْش قادِر ياخُد نفسُه."

"ألْف سلامة. و إنْتو شُفْتوا الرّاجِل الإنْجِليزي إمْتى؟"

"محدِّش شافُه يا باشا. محدِّش بِيْشوف..."

"لعْنِةْ إسْكنْدر، آه ما أنا عِرِفْت. بسّ قُلْت يمْكِن إنْتو أعْقل."

رِجِع قاسِم قعد على القهْوَة اللي في وِشّ مرْسى المراكِب. و فِضِل قاعِد لِغايِةْ ما المراكِب رِجْعِت.

و طول الفتْرة دي كان بِيِسْأل كُلّ اللي يِشوفُه عن موسى، إبْن الصّيّاد اللي كان عيّان. لكِن كُلّ الحِكايات بِتْقول إنُّه وَلد هادي، و الكُل بِيْحِبُّه، بسّ هُوَّ بِيْحِبّ واحْدة محدِّش يِعْرفْها. ناس كِتير حاوْلِت تِعْرف مين اللي بِيْحِبّها موسى لكِن هُوَّ كان كاتِم السِّرّ في قلْبُه و رامي مُفْتاحُه في البحْر.

[15:39]

“Well, Pasha...” Before the man could finish, Qassem interrupted him.

“And you, son—don’t you know how to talk or what?”

The boy responded in a faint, hoarse voice.

The father said to Qassem, “Sorry, Pasha, he lost his voice from the illness.”

“What was wrong with him?”

“Looks like he caught a strong cold and couldn’t breathe properly.”

“Wishing you a full recovery. And when did you see the Englishman?”

“No one saw him, Pasha. No one ever sees...”

“Alexander’s Curse, yeah, yeah, I got it. I just thought maybe you two were more sensible.”

Qassem went back and sat at the café across from the boat dock. He stayed there until the boats returned.

During that time, he kept asking everyone he saw about Musa, the fisherman’s son who had been sick. But all the stories said he was a quiet boy, and everyone liked him—but he was in love with someone no one knew. Many had tried to find out who Musa loved, but he had suppressed the secret in his heart and had thrown its key into the sea.

و علاقْتُه بِالرّاجِل الإنْجِليزي كانِت كُوَيِّسة جِدّاً و عُمْر ما حدّ شافْهُم بيِتْخانْقوا. موسى كانِت علاقْتُه بِإسْكِنْدِرية كُلّها كُوَيِّسة، حتّى العرّافة.

سأل قاسِم القهْوَجي: "أروح بيْتُه إزّاي؟"

وَصفْلُه الطّريق و البيْت و أخد حِسابُه.

قاسِم كان بيْفكّر في كلام النّاس عن موسى، و كان بيْفكّر في الوَلد اللي صوْتُه رايِح لكِن عيْنيْه قالِت كلام كِتير جِدّاً.

❖ ❖ ❖

وَصل البيْت و قبْل ما يِخبّط على الباب لقاه بيِتْفِتِح و العرّافة خارْجة و وَراها أبو موسى.

"أهلاً يا باشا، اِتْفضّل."

"أنا مِش هاخُد مِن وَقْتْكو كِتير بسّ أنا عايِز موسى في كِلْمِتيْن."

العرّافة اللي مكانْش بايِن مِنْها غيْر عيْنيْها قالِتْلُه: "بنات إسْكِنْدِرية يا باشا، خلّي بالك مِنْهُم!"

"إنْتي بِتِعْمِلي أيْه هِنا؟"

"أنا هِنا و هِناك و عنْد العمود."

دخل البيْت و سابْها على الباب، و قعد قُدّام موسى.

[17:06]

His relationship with the Englishman had been very good—no one had ever seen them argue. Musa had good relations with all of Alexandria, even with the fortune-teller.

Qassem asked the café owner, "How do I get to his house?"

He gave him directions and described the house, and Qassem paid his bill.

Qassem was thinking about what people had said about Musa, and he was thinking about the boy whose voice was gone—but whose eyes had said a whole lot.

He reached the house, and before he could knock on the door, it opened, and the fortune-teller was coming out, with Musa's father behind her.

"Welcome, Pasha. Please, come in."

"I won't take much of your time. I just want a quick word with Musa."

The fortune-teller, whose eyes were the only part of her face visible, told him, "The girls of Alexandria, Pasha—watch out for them!"

"What are you doing here?"

"I'm here, and there, and at the pillar."

He entered the house and left her at the door, and sat in front of Musa.

"كُنْت فيْن يوْم ما الرّاجِل الإنْجِليزي اِتْقتل؟"

صوْتُه كان واطي و بِعيد و مُجْهد و هُوَّ بِيْقول: "كُنْت في البيْت يا باشا زيّ باقي الصّيّادين."

"و دخلْت المُسْتشْفى ليْه؟"

"زيّ ما أبويا قالّك، مكُنْتِش قادِر آخُد نفسي. دوْر برْد شِديد."

"وَلّا عشان نزِلْت البحْر في عِزّ المطر؟"

موسى اِتْلخْبط. "و أنا أيْه بسّ يا باشا اللي ينِزِّلْني البحْر في المطر ده؟"

"ما هو ده اللي أنا عايِز أعْرفُه."

أُمّ موسى قطعِت كلامْهُم و هِيَّ داخْلة بِصِنيةْ الشّاي.

"مِش تِخلّي موسى ياخُد بالُه مِن نفْسُه و مَيِنْزِلْش الماية في السّاقْعة دي؟"

"مايّة؟ إنْتَ مِش قُلْتِلي إنّ اللي بلّ هُدومك المطرة اللي كانِت برّه، مِش البحْر؟"

قاسِم اِبْتسم و بصّ لِموسى. موسى عِرِف وَقْتها إنّ خِطِّتُه بِتِفْشل.

[18:23]

"Where were you on the day the Englishman was killed?"

His voice was low, distant, and strained as he said, "I was at home, Pasha, like the rest of the fishermen."

"And why did you go to the hospital?"

"Like my father told you—I couldn't breathe. A bad cold."

"Or because you went out to sea in the middle of the storm?"

Musa got flustered. "Why would I go out to sea in weather like that, Pasha?"

"That's exactly what I want to know."

Musa's mother interrupted them as she came in with a tray of tea.

"Shouldn't you make sure Musa takes care of himself and doesn't go into the water in this cold?"

"Water? Didn't you tell me it was the rain outside that soaked your clothes, not the sea?"

Qassem smiled and looked at Musa. Musa knew then that his plan was falling apart.

بعْد ما خرجِت أُمّ موسى لفّ قاسِم لِموسى وقالُّه: "يَعْني خرجْت اليوْم ده؟"

ردّ موسى و الدُّموع بِتِمْلى عيْنيْه: "أنا معملْتِش حاجة يا باشا."

"متِكْدِبْش عليّا عشان أحاوِل أساعْدك."

"أنا مِش بكْدِب يا باشا. أرجوك، أبويا و أُمّي ملْهُمْش حدّ غيْري و مِن غيْري هَيْموتوا مِن الجوع. و أنا معملْتِش حاجة أكْتر مِن اللي إنْتَ عملْتها."

"أنا عملْت أيْه؟"

"حبّيْت يا باشا. و الحُبّ هُوَّ اللي وَصّلْني لِللي أنا فيه."

"يِوَصّلك تِقْتِل؟"

"يا باشا أُقْسِمْلك[1]، أنا مقتلْتِش حدّ."

"خرجْت يوْم الحادْثة بِرغْم الجوّ الوِحِش لِدرجِةْ إنّ جالك اِلْتِهاب رِئَوي مِن المايّة و المطرة و الهَوا السّاقع. كُنْت عايِز تِقْتِلُه ليْه؟"

"يا باشا أنا مقتلْتِش حدّا!"

"ما هو يا نِلاقي القاتِل يا إمّا هنِعْتِبْرك إنْتَ القاتِل. أنا مِش هكْتِب في تقْرير قضية ليّا إنّ سبب الوَفاة لعْنِةْ إسْكنْدر!"

[19:29]

After Musa's mother left, Qassem turned to Musa and asked, "So you did go out that day?"

Musa replied, his eyes filling with tears, "I didn't do anything, Pasha."

"Don't lie to me if you want me to try to help you."

"I'm not lying, Pasha. Please... my father and mother have no one but me. Without me, they'll starve. And I didn't do anything more than what you yourself did."

"What did I do?"

"I loved, Pasha. And love is what got me into this."

"It led you to kill?"

"Pasha, I swear to you, I didn't kill anyone."

"You went out on the day of the incident despite the awful weather, to the point you ended up with pneumonia from the water and the cold wind. Why did you want to kill him?"

"Pasha, I didn't kill anyone!"

"Well, either we find the killer, or we'll have to consider you the killer. I'm not going to write in my case report that the cause of death was Alexander's Curse!"

---

[1] أُقْسِمْلك is borrowed from Modern Standard Arabic and hence the initial u (damma).

"العرّافة!"

"آه صحيح، إنْتَ تِعْرف العرّافة مِنيِنْ؟"

"دي قِصّة طَويلة يا باشا."

"العرّافة هِيَّ اللي خلِّتك تِقْتِل؟ أيْه؟ سحّرِتك؟"

"العرّافة مخلِّتْنيش أقْتِل. العرّافة هِيَّ اللي قتلِت."

فجْأة كُلّ فِكْرة في دِماغ قاسِم وِقْفِت. طول الوَقْت و هُوَّ بِيْدوّر إنّ اللي قتل راجِل لكِنُّه محطِّش اِحْتِمال إنّها تِبْقى سِتّ.

"حتّى لَوْ ده صحيح، إنْتَ هتُعْتبر مُتسترّ على قاتِل و دي جريمة برْضُه."

"إنْتَ حبّيْت يا باشا قبْل كِده. حِكايْتك إنْتَ و مارِيا، إسْكِنْدِرية بِتِحْكيها لِبعْض[1] كُلّ يوْم. يَعْني عارِف اللي بِيْحِبّ مُمْكِن يِعْمِل أيْه. و لَوْ كُنْت مكاني كُنْت هتِعْمِل زيّي[2]."

"إنْتَ اتْجنِّنْت؟ أنا مُسْتحيل أعْمِل زيّك... لإِنّي مِش زيّك. أنا راجِل قانون." سِكِت ثانْيِتينْ و سأل: "ألاقي العرّافة فينْ دِلْوَقْتي؟"

"ما هي قالِتْلك مكانْها."

"مقالِتْش حاجة. قالِت إنّها هِنا و هِناك..." و فجْأة فِهِم. "عنْد العمود!"

[20:44]

“The fortune-teller!”

“Oh, right. How do you know the fortune-teller?”

“That’s a long story, Pasha.”

“The fortune-teller made you kill? What? She bewitched you?”

“The fortune-teller didn’t make me kill. The fortune-teller is the one who killed.”

Suddenly, every thought in Qassem’s head came to a halt. All this time, he had been searching for a man, but never once did he consider it might be a woman.

“Even if that’s true, you’ll be considered an accomplice, hiding a murderer—and that’s still a crime.”

“You’ve loved before, Pasha. Your story with Maria—Alexandria tells it every day. So you know what someone in love might do. And if you were in my place, you would’ve done the same.”

“Are you insane? I’d never do what you did... because I’m not like you. I’m a man of the law.” He paused for two seconds and asked, “Where can I find the fortune-teller now?”

“She told you where she’d be.”

“She didn’t say anything. She said she’s here and there...” and suddenly he understood. “At the pillar!”

---

[1] إسْكِنْدِرية بِتِحْكيها لِبعْض lit. *Alexandria tells it to each other*

[2] lit. *if you were in my place, you would have done like me*

شدّ موسى مِن دِراعُه و هُوَّ بِيْقولُّه: "يَلّا هتيجي معايا."

طِلِع يِجْري بيه مِن البيْت و بِسُرْعة رِكِب الكاريتة و قال لِلسَّواق: "عمود السَّواري!"

❖ ❖ ❖

دقّات قلْبُه كانِت بِتْسابِق صوْت جِري الحُصان على الطّريق. لمّا وَصلوا نِزِل جِري و هُوَّ شادِد موسى في إيدُه. أوِّل ما دخل و بصّ حَواليْه لقى العرّافة واقْفة جنْب العمود. رفع مُسدّسُه و زعق: "خلّيكِ مكانِك، متِتْحرّكيش."

فِضْلِت واقْفة مكانْها و قاسِم بِيْقرّبْلها بِبُطء و بِحذر لِغايِةْ ما وَصل عنْدها. لفِّت و بصِّتْلُه في عيْنيْه: "فاكِر أوِّل مرّة تِبوس مارِيا هِنا يا قاسِم؟"

قاسِم اِسْتغْرب و سألْها: "عِرِفْتي مِنيْن؟"

قالِتْلُه و هِيَّ بِتِكْشِف وِشّها: "أنا أعْرف عنّك كُلّ حاجة. مخدْتِش بالك مِن بنات إسْكِنْدِرية ليْه يا قاسِم؟"

"مارِيا؟ إنْتي؟! إزّاي قِدِرْتي تِقْتِلي؟"

"دي كانِت الطّريقة الوَحيدة عشان تيجي إسْكِنْدِرية تاني يا قاسِم. خمس سِنين و إنْتَ بِعيد عن البحْر و بِعيد عنّي."

[22:08]

He grabbed Musa by the arm and said, “Come on, you’re coming with me.”

He ran out of the house with him, quickly got into the carriage, and told the driver, “Pompey’s Pillar!”

❖ ❖ ❖

His heartbeat raced ahead of the horse’s hooves pounding the road. When they arrived, he jumped out, dragging Musa by the hand. As soon as he entered and looked around, he saw the fortune-teller standing next to the pillar. He raised his gun and shouted, “Stay where you are! Don’t move.”

She stayed in her place as Qassem slowly and cautiously approached her until he reached her. She turned and looked him in the eyes: “Remember the first time you kissed Maria here, Qassem?”

Qassem was stunned and asked her, “How did you know?”

She replied as she unveiled her face: “I know everything about you. Didn’t I warn you about the girls of Alexandria, Qassem?”

“Maria? It’s you?! How could you kill?”

“It was the only way to get you back to Alexandria, Qassem. Five years away from the sea and away from me.”

"عشان كِده بقيْت أشوف العرّافة في نفْس يوْم ما الرّاجِل الإنْجِليزي مات و دايْماً تِكلِّمْني عن إسْكِنْدِرية."

"كُنْت عايْزة أتْأكِّد إنّك هتيجي."

"ليْه كُلّ ده؟"

"بعْد ما سِبْتِني الحَياة بقِت صعْبة جِدّاً. مِشيت و سافِرْت و اِخْتفيْت لِغايِةْ ما النّاس نِسيت إنّ كان فيه واحْدة إسْمها مارِيا. و بعْد شُهور لقيْت قلْبي واخِدْني تاني لإسْكِنْدِرية. رِجِعْت و بقيْت العرّافة. و محدِّش يِعْرف حِكايْتي غيْر موسى، اللي حبِّني و ماسْتنّاش مُقابِل. بعْد ما قتلْت الرّاجِل الإنْجِليزي مكُنْتِش عارْفة أعْمِل أيْه. موسى فِضِل معايا طول اللّيْل يِغطّيني مِن المطر."

"طب لَوْ مكانْش حدّ اِهْتمّ؟ أَوْ بعتوا ظابِط غيْري؟ أَوْ أنا مدوّرْتِش و اِسْتسْلمْت لِلخُرافات اللي بِتِتْقال؟"

"أنا عارْفاك أكْتر مِن نفْسك. دِماغك و ضميرك مكانوش هَيِسْمحولك تِصدّق الكلام ده. و كُنْت عارْفة إنّ لمّا راجِل إنْجِليزي يمِوت هَيِبْعتوا أكْفأ ظابِط عنْدُهم."

"ده إنْتي عامْلة حِساب كُلّ حاجة! إزّاي بقيْتي كِده؟"

[23:34]

"So that's why I kept seeing the fortune-teller on the same day the Englishman died, always talking to me about Alexandria."

"I needed to be sure you'd come."

"Why all this?"

"After you left me, life became really hard. I left, traveled, and disappeared until people forgot there was ever a girl named Maria. And after months, I found my heart bringing me back to Alexandria. I returned and became the fortune-teller. No one knew my story except Musa, who loved me and expected nothing in return. After I killed the Englishman, I didn't know what to do. Musa stayed with me all night, covering me from the rain."

"And what if no one had cared? Or they had sent a different officer? Or I hadn't investigated and just believed in the rumors?"

"I know you better than you know yourself. Your mind and your conscience would never let you believe that nonsense. And I knew that when a British man dies, they'll send their most competent officer."

"You planned for everything! How did you become like this?"

"حاجات كِتير بِتِتْغيرّ في خمس سِنين، إلّا حُبّي ليك يا قاسِم مبيِتْغيرّش أبداً. على العُموم متزْعلْش أوي على الرّاجِل الإنْجِليزي. هُوَّ مكانْش ملاك يَعْني، بسّ محدِّش يِقْدر يِقول عُيوبُه طبْعاً و إلّا هَيِقْطعوا لِسانُه."

قاسِم مكانْش مِصدّق اللي بيِسْمعُه... مكانْش مِصدّق إنّ دي مارِيا. و الصِّراع اللي جُوّاه بينْ الحُبّ و الواجِب كان عنيف.

مارِيا حسِّت بِاللّخْبطة اللي هُوَّ فيها. حطِّت إيدْها على وِشُّه و قالِتْلُه: "متْخافْش، أنا مِش ههْرب. لَوْ عايِز تُقْبُض[1] عليّا أَوْ عايِز تِزورْني أنا هفْضل مِسْتنِّيّاك. لَوْ جيْت لِيّا بعْد يوْم، أُسْبوع، شهْر، سنة، هتْلاقيني مِسْتنِّيّاك. بسّ متْغيبْش عنّي كِتير، و خُد بالك مِن بنات إسْكِنْدِرية."

❖ ❖ ❖

بعْد يوْمينْ قاسِم كان في مكْتب رئيسُه في القاهِرة بِيْقدِّم تقْريرُه عن القضية و كتب في خانةْ سبب الوَفاة (لعْنةْ إسْكنْدر).

[24:59]

"A lot can change in five years—except my love for you, Qassem. That never changes. Anyway, don't feel too bad about the Englishman. He wasn't exactly an angel, but no one can speak of his flaws, of course, or they'd get their tongue cut out."

Qassem couldn't believe what he was hearing... couldn't believe that this was Maria. And the inner conflict between love and duty was fierce.

Maria felt his turmoil. She placed her hand on his face and said, "Don't be afraid. I won't run. If you want to arrest me or visit me, I'll be waiting for you. If you come after a day, a week, a month, or a year—you'll find me waiting. Just don't stay away too long. And watch out for the girls of Alexandria."

❖ ❖ ❖

Two days later, Qassem was in his superior's office in Cairo submitting his case report—and in the box for cause of death, he wrote: "Alexander's Curse."

---

[1] تُقْبُض can also be pronounced تِقْبض.

Comprehension Questions

1. مين قاسِم سُلْطان عفيفي و ليْه الإنْجِليز كانوا بيِكْرهوه؟
2. أيْه اللي خلّى الرّيِّس بِتاع قاسِم يِبْعتُه إسْكِنْدِرية؟
3. أيْه رأْي قاسِم في العرّافين و الخُرافات؟
4. مين مارِيا و ليْه قاسِم مراحْش إسْكِنْدِرية مِن خمس سِنين؟
5. كان فيه كام صيّاد في إسْكِنْدِرية وقاسِم قابِل مِنْهُم كام؟
6. أيْه هِيَّ "لعْنِةْ إسْكنْدر" و بدأِت إمْتى؟
7. ليْه المصْرِيّين بطّلوا يِدوّروا على قبْر الإسْكنْدر؟
8. أيْه اللي حصل لِموسى و ليْه راح المُسْتشْفى؟
9. مين كان عارِف سِرّ مارِيا و ليْه؟
10. ليْه مارِيا قتلِت الرّاجِل الإنْجِليزي؟
11. إزّاي مارِيا عاشِت في إسْكِنْدِرية مِن غيْر ما حدّ يِعْرفْها؟
12. أيْه علاقِةْ الرّاجِل الإنْجِليزي اللي مات بِموسى؟
13. قاسِم عِرِف إزّاي إنّ موسى كان مِتْورّط في المَوْضوع؟
14. أيْه اللي خلّى قاسِم يِشُكّ في العرّافة؟
15. ليْه مارِيا اِخْتارِت تِكون عرّافة؟
16. أيْه الصِّراع اللي قاسِم واجْهُه في الآخِر؟
17. مارِيا قالت أيْه لِقاسِم في الآخِر؟
18. ليْه قاسِم كتب في التّقْرير إنّ السّبب "لعْنِةْ إسْكنْدر"؟
19. دوْر العرّافة كان أيْه في أوِّل القِصّة و في آخِرْها؟
20. موسى ساعِد مارِيا إزّاي؟

1. Who is Qassem Sultan Afifi and why did the English hate him?
2. Why did his boss send him to Alexandria?
3. What was Qassem's opinion of fortune-tellers and superstitions?
4. Who was Maria and why hadn't Qassem been to Alexandria for five years?
5. How many fishermen were there in Alexandria and how many did Qassem meet?
6. What was "Alexander's Curse" and when did it start?
7. Why did Egyptians stop searching for Alexander's tomb?
8. What happened to Musa and why did he enter the hospital?
9. Who knew Maria's secret and why?
10. Why did Maria kill the Englishman?
11. How did Maria live in Alexandria without being recognized?
12. What was the relationship between the dead Englishman and Musa?
13. How did Qassem discover Musa's involvement?
14. What made Qassem suspicious of the fortune-teller?
15. Why did Maria choose to become a fortune-teller?
16. What was the conflict Qassem faced at the end?
17. What did Maria tell Qassem at the end?
18. Why did Qassem write in the report that the cause was "Alexander's Curse"?
19. What was the fortune-teller's role at the beginning and end of the story?
20. How did Musa help Maria?

Answers to the Comprehension Questions

1. كان أكْفأ ظابِط شُرْطة في جِهاز الأمْن المصْري، و كان مِن عيْلة كِبيرة شارْكِت في الثَّوْرة ضِدّ الإنْجِليز.
2. عشان يِحقّق في مَوْت راجِل إنْجِليزي و يِطمّن الإنْجِليز إنّ الشُّرْطة مُهْتمّة بِالْمَوْضوع.
3. كان شايِف إنُّهُم حرامية بسّ دمُّهُم خفيف و بِيِسْتاهْلوا الفِلوس اللي بِياخْدوها.
4. مارِيا كانِت حبيبْتُه اليونانية، و أبوه رفض جَوازْهُم عشان هِيَّ أجْنبية.
5. كان فيه أكْتر مِن ٥٠ صيّاد و قِدِر يِجْمع ٥٣ مِنْهُم.
6. كانِت لعْنة بِتِلْبِس أيّ حدّ بِيْدوّر على قبْر الإسْكنْدر، و بدأِت مِن ١٠٠ سنة لمّا راجِل مصْري غني مات و هُوَّ بِيْدوّر على القبْر.
7. عشان بعْد ما مات تلات مصْريّين و هُمّا بِيْدوّروا على القبْر، النّاس اِقْتنعوا بِاللّعْنة.
8. دخل المُسْتشْفى عشان اِلْتِهاب رِئَوي مِن المايّة و المطر و البرْد.
9. موسى كان عارِف سِرّها لإنُّه كان بِيْحِبّها و ساعِدْها يوْم ما قتلِت الإنْجِليزي.
10. عشان تِخلّي قاسِم يِرْجع إسْكِنْدِرية تاني بعْد ما غاب عنْها خمس سِنين.
11. غيّرِت شكْلها و بقِت عرّافة و محدِّش بقى عارِف إنّها مارِيا.
12. كانِت علاقِتْهُم كُوَيِّسة جِدّاً و عُمْر ما حدّ شافْهُم بِيِتْخانْقوا.
13. لمّا اِكْتشف إنّ كلامُه عن المطر و البحْر مِش مظْبوط و أُمُّه كشفِت كِدْبُه.
14. لمّا عِرْفِت تفاصيل عن علاقْتُه بِمارِيا و أوِّل بوسة عنْد العمود.
15. عشان تِقْدر تِعيش في إسْكِنْدِرية مِن غيْر ما حدّ يِعْرف حقيقِتْها.
16. الصِّراع بيْن حُبُّه لِمارِيا و واجْبُه كظابِط شُرْطة.
17. قالِتْلُه إنّها هتِسْتنّاه سَواء جِهْ عشان يِقْبض عليْها أَوْ عشان يِزورْها.

18. عشان يِحْمي مارِيا و يِخبّي الحقيقة.
19. في الأوِّل حذّرِت قاسِم مِن بنات إسْكِنْدِرية، و في الآخِر اِتّضح إنّها كانت مارِيّا نفْسها.
20. قعّدْها عنْدُه ساعِةْ المطر بعْد ما قتلِت الإنْجِليزي و حافِظ على سِرّها.

1. He was the most qualified police officer in the Egyptian security apparatus, from a wealthy family that participated in the revolution against the English.
2. To investigate the death of an Englishman and to assure the English that the police were taking the case seriously.
3. He thought they were thieves but lively, and deserved the money they took for the effort they put into their performances.
4. She was his Greek girlfriend, and his father had refused their marriage because she was a foreigner.
5. There were more than 50 fishermen, and he managed to gather 53 of them.
6. It was a curse that affected anyone who searched for Alexander's tomb, starting 100 years ago when a wealthy Egyptian man died while searching for it.
7. After three Egyptians died while searching for the tomb, people became convinced of the curse.
8. He entered the hospital due to pneumonia from water, rain, and cold.
9. Musa knew her secret because he loved her and helped her the day she killed the Englishman.
10. To bring Qassem back to Alexandria after being away for five years.
11. She changed her appearance and became a fortune-teller, and no one knew she was Maria.

12. They had a very good relationship and no one ever saw them argue.

13. When he found inconsistencies in his story about the rain and sea, and his mother exposed his lie.

14. When she knew details about his relationship with Maria and their first kiss at the pillar.

15. So she could live in Alexandria without anyone knowing her true identity.

16. The conflict between his love for Maria and his duty as a police officer.

17. She would wait for him whether he came to arrest her or to visit her.

18. To protect Maria and to hide the truth.

19. At the beginning she warned Qassem about Alexandria's girls, and at the end it was revealed she was Maria herself.

20. He sheltered her from the rain after she killed the Englishman and kept her secret.

Summary

Read the scrambled summary of the story below. Write the correct number (1–10) in the blank next to each event to show the proper sequence.

___ راح لِموسى بيْتُه و واجْهُه بِالْحقيقة.

___ قابِل الصّيّادين و سِمِع عن لعْنِةْ إسْكنْدر و قِصّة موْت النّاس اللي كانوا بيْدوّروا على القبْر.

___ قاسِم رِجِع القاهِرة و كتب في التّقْرير إنّ السّبب "لعْنِةْ إسْكنْدر".

___ العرّافة حذّرِت قاسِم قبْل ما يِرْكب القطْر اللي رايِح إسْكِنْدِرية.

___ لقى تناقُض في كلام موسى.

___ عِرِف إنّ العرّافة هِيَّ ماريا و راح لِعمود السَّواري.

___ لقى رِسالة مِن العرّافة في الفُنْدُق و قرّر يأجّل سفرُه.

___ قاسِم وَصل إسْكِنْدِرية و بدأ يِحقّق في موْت الرّاجِل الإنْجِليزي.

___ ماريا اِعْترفِت بِالْقتْل و شرحِت إنّها عملِت كِده عشان ترجّعُه.

___ قاسِم قابِل موسى و عِرِف إنُّه كان تَعْبان مِن المطر و البرْد في ليْلِةْ الجريمة.

Key to the Summary

7   He went to Musa's house and confronted him with the truth.

3   He met the fishermen and heard about Alexander's Curse and the story of those who died searching for the tomb.

10 Qassem returned to Cairo and wrote in the report that the cause was "Alexander's Curse."

1   The fortune-teller warned Qassem before he boarded the train to Alexandria.

5   He discovered inconsistencies in Musa's story.

8   He discovered the fortune-teller was Maria and went to Pompey's Pillar.

6   He found a message from the fortune-teller at the hotel and decided to delay his departure.

2   Qassem arrived in Alexandria and began investigating the Englishman's death.

9   Maria confessed to the killing and explained she did it to bring him back.

4   Qassem met Musa and learned that he had fallen ill from the rain and cold on the night of the crime.

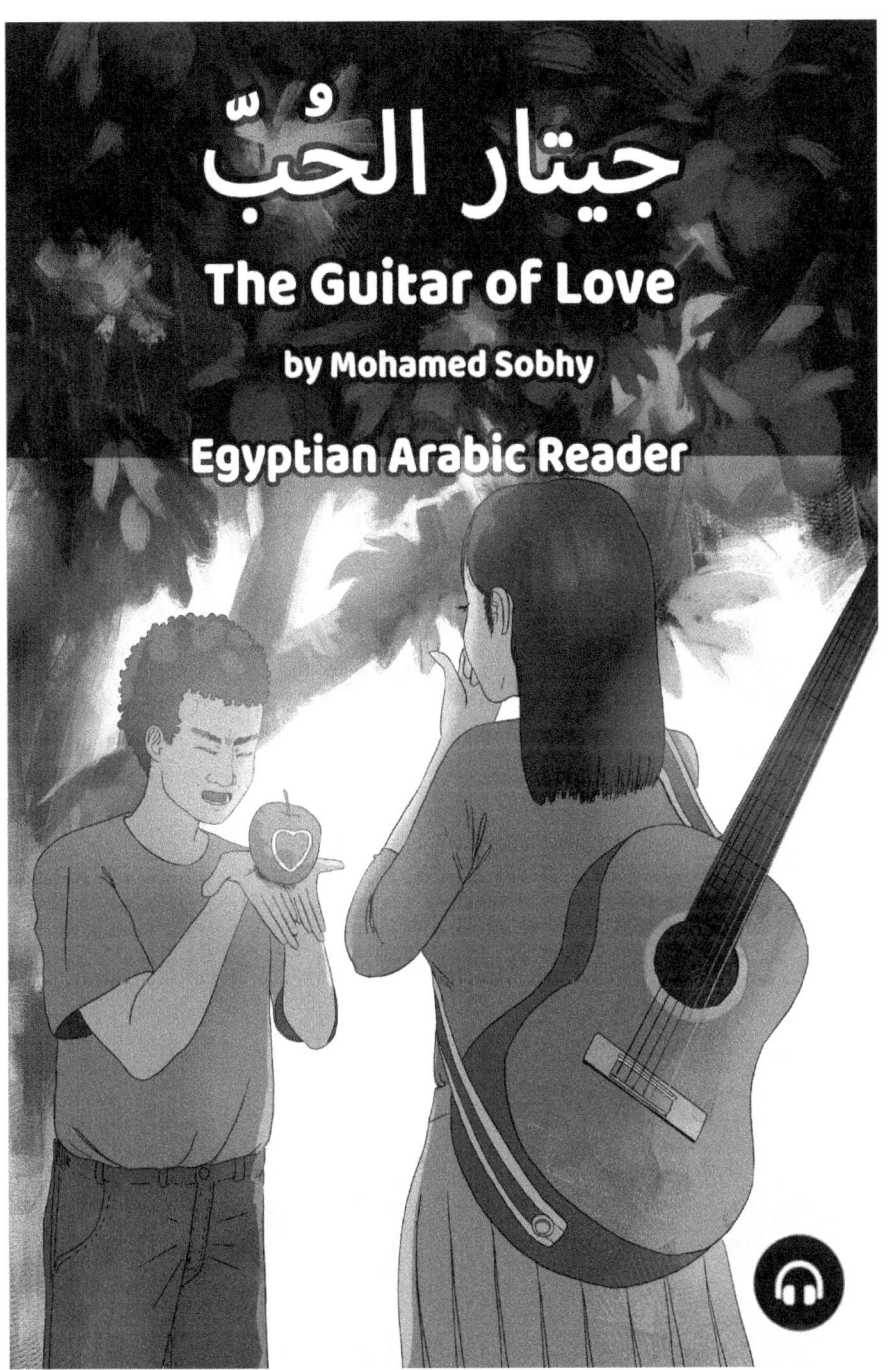

جيتار الحُبّ

The Guitar of Love

by Mohamed Sobhy

Egyptian Arabic Reader

Book 3

جيتار الحُبّ

أُتوبيس المدْرسة مِسْتنّي علاء، دايْماً آخِر واحِد بِيرْكِب الأُتوبيس لإِنُّه أقْرب واحِد لِلمدْرسة.

نزِل علاء مِن بيْتُه و ركِب الأُتوبيس. و دايْماً بِيْحِبّ يُقْعُد على الجنْب اليمين علشان يِبُصّ على رنا اللي دايْماً بِتُقْعُد وَرا سوّاق الأُتوبيس في الشِّمال.

و فِضِل علاء ساكِت و هادي، و كُلّ التّلاميذ بِيِعْمِلوا دَوْشة في الأُتوبيس... حتّى سوّاق الأُتوبيس أَوْقات بِيِتْضايِق و يِقولُّهُم: "ما كِفايَة بقى! بلاش الصّوْت العالي. أنا راسي وَجعِتْني!"

لمّا الأُتوبيس وِصِل لِلمدْرسة، و نزِل علاء، لِقي أحْمد بِيِجْري عليْه.

"علاء! أخيراً جيْت. أنا كُنْت مِسْتنّيك!"

علاء قال: "ليْه بسّ؟ فيه أيْه؟"

أحْمد ردّ: "معْلِشّ بسّ أنا تعْبان و مِش قادِر... كحّ كحّ!"

"ألْف سلامة!"

"لأ لأ لأ، ألْف سلامة أيْه بسّ؟ المفْروض أنا في الإذاعة المدْرسية. و أنا تعْبان و مِش قادِر... كحّ كحّ!"

The Guitar of Love

The school bus is waiting for Alaa, who's always the last one to get on because he lives closest to the school.

Alaa came out of his house and got on the bus. He always likes to sit on the right side so he can look at Rana, who always sits behind the bus driver on the left.

Alaa stayed quiet and calm, while all the students were making noise on the bus... even the bus driver sometimes gets annoyed and says to them, "That's enough already! No more loud noise. I've got a headache!"

When the bus arrived at school and Alaa got off, he saw Ahmad running toward him.

"Alaaa! You finally came. I was waiting for you!"

Alaa said, "Why though? What's going on?"

Ahmad replied, "Sorry, but I'm sick and I can't... cough, cough!"

"Get well soon!"

"No, no, no—get well soon, what? I'm supposed to be on the school broadcast. But I'm sick and I can't... cough, cough!"

"أنا عُمْري ما طِلِعْت الإذاعة المدْرسية، و خايِف أغْلط."

"لأ لأ لأ، مِش هتِغْلط، متْخافْش."

أحْمد نادى بِصوْت عالي: "خلاص يا أُسْتاذ فهْمي... علاء هَيِطْلع مكاني!"

"بسّ أنا مقُلْتِش إنيّ هطْلع."

أحْمد قال: "خلاص بقى، خلّيك جدع معايا[1]!"

الأُسْتاذ فهْمي راح لِعلاء و قالُّه: "يَلّا يا علاء! هتِقْرا الأخْبار الصّباحية، و خلّي صوْتك هادي و متِقْراش بِسُرْعة."

علاء ردّ: "بسّ أنا..."

الأُسْتاذ فهْمي بِصوْت عالي زعّ: "يَلّا كُلُّه على طابورْه[2]!"

وِقِف علاء ماسِك الجُرْنال و بدأ يِقرا الخبر بيْنُه و بيْن نفْسُه علشان مَيِتْلخْبطْش.

و علاء اِتْوَتّر و بدأ يِعْرق.

و أحْمد واقِف في طابور فصْلُه و قاعِد يِضْحك معَ صُحابُه.

علاء قال لِنفْسُه: "مُسْتحيل أحْمد يِكون تعْبان. تعْبان و هَيِضْحك و يِلْعب كِده إزّاي!؟"

Audio Track Timestamp: [1:30]

"I've never done the school broadcast before, and I'm scared I'll mess up."

"No, no, no, you won't mess up. Don't worry."

Ahmad called out loudly: "That's it, Mr. Fahmi… Alaa will go up instead of me!"

"But I didn't say I would go."

Ahmad said, "Come on now, be a good friend to me!"

Mr. Fahmi went to Alaa and said, "Come on, Alaa! You'll read the morning news—keep your voice calm and don't read too fast."

Alaa replied, "But I…"

Mr. Fahmi shouted loudly, "Everyone, get in your lines!"

Alaa stood holding the newspaper and started reading the news to himself so he wouldn't mess up.

Alaa got nervous and started to sweat.

Meanwhile, Ahmad was standing in his class line laughing with his friends.

Alaa said to himself, "No way Ahmad is sick. Sick and laughing and playing like that?!"

---

[1] خلّيك جدع معايا lit. *be good with me*, that is, *be a pal*

[2] The school day in Egypt starts with طابور المدْرسة (lit. *school line-up*), a morning assembly.

تِلْميذ نادى مِن بعيد: "أُسْتاذ فهْمي! أُسْتاذ فهْمي! المايْكْرُفوْن مِش شغّال!"

أُسْتاذ فهْمي قال: "يَعْني أيْه مِش شغّال؟"

بدأِت أصْوات التّلاميذ في الطّابور تِعْلى و بدأ الضِّحْك و الهِزار. و الأُسْتاذ فهْمي فِضِل يِحاوِل يِصلّح المايْكْرُفوْن.

الأُسْتاذ فهْمي قال بِصوْت عالي: "خلاص دِلْوَقْتي! اِطْلعوا لِلْفصول."

علاء حطّ الجُرْنال على الطّرابيْزة،. و طِلِع معَ أصْحابُه لِلفصْل و هُوَّ مِتْنرْفِز.

لكِن الأُسْتاذ فهْمي وَقّفْه. "إنت مرْعوب كِده ليْه؟ خايِف مِن شُوَيِّةْ كلام هتْقولُّهُم في المايْكْرُفوْن؟"

علاء ردّ: "هُوَّ أنا بسّ..."

"اِطْلع خلاص، أنا بنْصحك[1]!"

طِلِع علاء لِلفصْل و هُوَّ مِتْضايِق و شاف أحْمد.

علاء زعّق لأحْمد و قال: "مكانْش يِنْفع تِعْمِل اللي إنْتَ عملْتُه ده على فِكْرة!"

"يا عمّ خلاص بقى محصلْش حاجة."

[2:49]

A student called from afar: "Mr. Fahmi! Mr. Fahmi! The microphone's not working!"

Mr. Fahmi said, "What do you mean it's not working?"

The students in the lineup started raising their voices, and laughter and joking began. Mr. Fahmi kept trying to fix the microphone.

Mr. Fahmi shouted loudly, "That's it for now! Go to your classes."

Alaa put the newspaper on the table and went to class with his friends, annoyed.

But Mr. Fahmi stopped him. "Why are you so scared? You're afraid of a few words you were going to say into the microphone?"

Alaa replied, "It's just that I..."

"Just go now, that's my advice!"

Alaa went to class, upset, and saw Ahmad.

Alaa shouted at Ahmad and said, "You really shouldn't have done what you did, by the way!"

"Come on, man, nothing happened."

---

[1] بنْصحك lit. *I'm advising you, that is, it'd be best for you if you...*

"لأ حصل! إنْتَ خلّيتْني مِتْضايِق دِلْوَقْتي."

دخل المُدرِّس على التّلاميذ و قالُّهُم: "سُكوت! سُكوت!"

و بعْديْن كمِّل: "بِما إنّي جِديد هِنا، فا عرّفوني بيكُم يا شباب! أنا أُسْتاذ اللُّغة العربية و إنّ شاء الله يِكون درْس مُمْتِع ليكو. النّهارْده مِش هناخُد حاجات كِتير. كُلّ واحِد بسّ يِكْتِب بَياناتُه في وَرْقة علشان أقْدر أتْواصل معَ أهْلُكو دايْماً!"

الطُّلّاب كتبوا البَيانات: الإسْم، رقم التِّليفوْن، و رقم الفصْل.

علاء كان دايْماً بِيُقْعُد في أوِّل كُرْسي. و علشان كِده المُدرِّس قالُّه يِلِمّ الوَرق و يِوَدّيهولُه على المكْتب.

علاء كان بِيْلِمّ الوَرق مِن الطُّلّاب... و لمّا خد الوَرْقة بِتاعِةْ رنا، خلّى الوَرْقة بِتاعِتْها آخِر وَرْقة.

و بعْد ما لمّ كُلّ الوَرق، و هُوَّ رايِح لِلمُدرِّس، شاف وَرْقِةْ رنا. و فِضِل يِردِّد رقم التِّليفوْن كإنُّه بِيْردِّد الأخْبار بِتاعِةْ الجُرْنال بِالظّبْط.

بعْد ما وَصّل الوَرق لِلمُدرِّس، راح الحمّام و كتب بِسُرْعة على إيدُه رقم رنا. بسّ مِن تحْت كُمّ القميص اللي كان لابْسُه عشان محدِّش يِشوفُه.

و لمّا طِلِع علاء مِن الحمّام، شاف الأُسْتاذ فهْمي.

[4:10]

"No, something did happen! You made me upset now."

The teacher came into the classroom and said to the students, "Silence! Silence!"

Then he continued, "Since I'm new here, introduce yourselves, guys! I'm the Arabic teacher, and God willing, it'll be a fun class for you. Today, we're not going to cover much. Each of you just write your information on a piece of paper so I can always stay in touch with your families!"

The students wrote down their info: name, phone number, and class number.

Alaa always sat in the first seat, so the teacher told him to collect the papers and bring them to his desk.

Alaa was collecting the papers from the students... and when he took Rana's paper, he made sure hers was the last one.

After collecting all the papers, while heading toward the teacher, he looked at Rana's paper and kept repeating her phone number as if he were reciting the news from the newspaper exactly.

After delivering the papers to the teacher, he went to the bathroom and quickly wrote Rana's number on his hand—but under the sleeve of the shirt he was wearing so no one would see it.

When Alaa came out of the bathroom, he saw Mr. Fahmi.

علاء قال: "يا أُسْتاذ فهْمي، مُمْكِن تِدّيني فُرْصة أثْبِتْلك إنّي شُجاع؟"

الأُسْتاذ فهْمي ردّ و قال: "الإثْبات هُوَّ إثْبات لِنفْسك، مِش لِيّا!"

"طيِّب، مُمْكِن أعْزِف بُكْره في طابور المدْرسة... بِالجّيتار بِتاعي؟"

"ماشي، و متْخافْش تاني بعْد كِده!"

❖ ❖ ❖

بعْد أوِّل يوْم دِراسي، رِجِع علاء في الأُتوبيس... و لإِنُّه آخِر واحِد بيِرْكب الأُتوبيس، إلّا إنُّه أوِّل واحِد بيِنْزِل مِن الأُتوبيس.

علاء قال لِنفْسُه و هُوَّ باصِص على رنا: "مكْتوب عليّا أشوفِك دقايِق قبْل ما أنْزِل و دقايِق بعْد ما أرْكب. لَوْ كان في إيدي، كُنْت هخلّيكي قُدّامي كِده ٢٤ ساعة!"

رنا كانِت مُتَوَسِّطِةْ الجمال. على غيْر المُتَوَقّع علاء كمان كان مُتَوَسِّط الجمال، لكِنُّه كان شايِف إنّ رنا أجْمل بِنْت في الفصْل كُلُّه.

نِزِل علاء مِن الأُتوبيس و رِجِع البيْت.

لمّا رِجِع علاء البيْت و بعْد ساعات، اِتّصل على رقم رنا.

[5:55]

Alaa said, "Mr. Fahmi, can you give me a chance to prove to you that I'm brave?"

Mr. Fahmi replied, "Proving it is for yourself, not for me!"

"Okay, can I play my guitar tomorrow during the school lineup?"

"Alright, and don't be afraid again after this!"

After the first day of school, Alaa rode home on the bus... and since he's the last one to get on the bus, that means he's the first to get off.

Alaa said to himself as he looked at Rana, "It's my fate to see you just for a few minutes before I get off and a few minutes after I get on. If it were up to me, I'd have you in front of me like this 24 hours a day!"

Rana was moderately beautiful. Surprisingly, Alaa was also moderately handsome, but he thought Rana was the most beautiful girl in the whole class.

Alaa got off the bus and went home.

When Alaa got home and after a few hours, he called Rana's number.

و قلْب علاء بِيِنْبُض بِقُوّة و بِيِتحرّك مِن مكانُه... لِحدّ ما رنا ردِّت: "ألوْ؟"

علاء حطّ إيدُه على بُقُّه عشان صوْتُه مَيِطْلَعْش. و فِضِل يِسْمع رنا و هِيَّ بِتْقول: "ألو؟ ألوْ؟" لِحدّ ما قفلِت المُكالْمة.

دخل علاء أوْضْتُه و هُوَّ مبْسوط، و جاب الجيتار بِتاعُه، و قفل باب الأوْضة، و قعد يِعْزِف و يُرْقُص بِالجّيتار بِتاعُه. "ألوْ! ألوْ! ألوووْ! ألوْ!"

و كتب رقم رنا على ضهْر الجيتار و رسم جنْبُه قلْب و حطّ الجيتار جنْبُه على السِّرير.

❖ ❖ ❖

تاني يوْم راح علاء بِسُرْعة و جاب الجيتار اللي في أوْضِةْ الموسيقى و جهِّز نفْسُه قبْل الطّابور كُلُّه ما يِبْدأ.

الأُسْتاذ فهْمي بصّ لِعلاء و قالُّه: "جاهِز يا علاء؟"

علاء شاوِر بِراسُه لِتحْت: "أَيْوَه."

و لمّا بدأ الطّابور و بدأ علاء العزْف، بدأ واثِق مِن نفْسُه لكِنُّه بصّ لِرنا في الطّابور.

و حسّ إنُّه بدأ يِتْلخْبط. و بعْد عشر دقايِق حسّ إنّ أصْوات كلام التّلاميذ أعْلى مِن صوْت العزْف بِتاعُه.

[7:20]

Alaa's heart was pounding and beating out of his chest... until Rana answered: "Hello?"

Alaa put his hand over his mouth so his voice wouldn't come out. He just kept listening to Rana saying: "Hello? Hello?" until she hung up.

Alaa went into his room feeling happy, grabbed his guitar, closed the door, and started playing and dancing with his guitar. "Hello! Hello! Helloooo! Hello!"

He wrote Rana's number on the back of the guitar, drew a heart next to it, and placed the guitar beside him on the bed.

The next day, Alaa rushed in and got the guitar from the music room and got himself ready before the whole school assembly started.

Mr. Fahmi looked at Alaa and said, "Ready, Alaa?"

Alaa nodded his head down: "Yeah."

When the lineup started and Alaa began playing, he started out confident, but he looked at Rana in the lineup.

And he felt like he was starting to mess up. After ten minutes, he felt like the students' chatter was louder than his playing.

و بصّ لِرنا تاني و اتْوَتّر أكْتر و قام فجْأه و وَقّف عزْف.

و التّلاميذ ضِحْكوا بِصوْت عالي و أوِّلْهُم أحْمد. و الأُسْتاذ فهْمي قال بِصوْت مِتْنرفِز: "اِطْلعوا لِلفصْل!"

❖ ❖ ❖

التّلاميذ و هُمّا داخْلين الفصْل فِضْلوا يِضْحكوا.

أحْمد قال لِعلاء بِترْيَقة: "أيْه العزْف ده كُلُّه يا فنّان؟"

علاء ردّ: "إنيّ أعْزِف وِحِش أحْسن مِن إنّك مبْتِعْزِفْش خالِص على فِكْرة." قام مِشي أحْمد.

فِضِل علاء باصِص ناحْيِةْ البنات... لِرنا بِمعْنى أصحّ.

المُدرِّس دخل و بصّ علاء لِلمُدرِّس، و كُلّ مرّة المُدرِّس يِكْتِب على السّبّورة، يِسْتغِلّ علاء اللّحظات دي في إنُّه يِبُصّ لِرنا. مِسْتنّي مِنْها تِبُصِّلُه مرّة واحْدة، و لَوْ بِالصُّدْفة.

المُدرِّس بصّ لِلتّلاميذ و قالُّهُم: "درْس النّهارْده عن العطاء!"

و بعْد شرْح كِتير خِلِص الدّرْس، و خلْصت كُلّ الدُّروس و التّلاميذ رجْعوا لِلبيْت. و رِجِع علاء لِلبيْت و فِضِل يِتِّصِل تاني و تاني بِرنا. عشان بسّ يِسْمع "ألوْ؟" و أحْياناً "مين معايا؟"

[8:54]

He looked at Rana again, got more nervous, and suddenly stopped playing.

The students burst into loud laughter, led by Ahmad. Mr. Fahmi said in an irritated voice, "Go to your classes!"

As the students walked into class, they kept laughing.

Ahmad said to Alaa sarcastically, "What was that performance, maestro?"

Alaa replied, "Playing badly is better than not playing at all, just so you know." Ahmad walked away.

Alaa kept glancing toward the girls… or more precisely, at Rana.

The teacher came in, and every time he wrote on the board, Alaa used those moments to sneak looks at Rana—just hoping she'd look at him once, even by accident.

The teacher looked at the students and said, "Today's lesson is about giving!"

After a long explanation, the lesson ended, all the classes ended, and the students went home. Alaa got home and kept calling Rana again and again—just to hear "Hello?" and sometimes, "Who's this?"

أبو علاء دخل على علاء الأوْضة، قام علاء قافِل التِّليفوْن بِسُرْعة.

أبو علاء قال: "بِيْقولوا فيه رِحْلة لِلصّحْرا معَ المدْرسة. عايِز تِروح؟"

"لأ بلاش. هِنا أحْسن مِن الصّحرا. و بعْديْن فيه رِحْلة لِلإسْتاد مُمْكِن أروحْها معَ صُحابي."

"خلاص ماشي، شوف إنْتَ عايِز أيْه."

جرس التِّليفوْن رنّ.

أبو علاء قال: "روح بقى رُدّ بِسُرْعة. تِلاقيهُم[1] أصْحابك."

ردّ علاء على التِّليفوْن، و قال: "ألوْ، مين معايا؟"

"أنا صاحْبك يا عمّ. قول بسّ، هتيجي معانا الإسْتاد و نِشوف ماتْش كوْرة وَلّا تِروح رِحْلِةْ الصّحرا معَ البنات؟"

"هُوَّ كُلّ اللي رايِح الصّحرا بنات بسّ يَعْني؟"

واحِد تاني مِن الصُّحاب قال: "هههههه لأ لأ. بسّ عشان إحْنا رِجالة نِروح أحْسن الإسْتاد."

"أنا قُلْت لِبابا فِعْلاً بلاش فِكْرِةْ الصّحرا دي."

واحِد مِن صُحاب علاء قال: "خلاص اِتّفقْنا. الإسْتاد إنّ شاء اللّه!"

[10:26]

Alaa's father came into the room, and Alaa quickly hung up the phone.

Alaa's father said, "They say there's a school trip to the desert. Want to go?"

"Nah, better not. Here is better than the desert. Besides, there's a trip to the stadium I might go on with my friends."

"Alright, whatever you want."

The phone rang.

Alaa's father said, "Go on, answer it quick. It's probably your friends."

Alaa answered the phone and said, "Hello, who's this?"

"It's your buddy, man. Just tell me—are you coming with us to the stadium to watch the football match, or are you going on the desert trip with the girls?"

"So you're saying everyone going to the desert is girls only?"

Another friend said, "Hahaha, no, no. But since we're men, it's better we go to the stadium."

"I already told my dad I'd skip the whole desert idea."

One of Alaa's friends said, "Alright then, it's settled. The stadium, God willing!"

---

[1] تِلاقيهُم lit. *you will find them [to be]*

❖ ❖ ❖

بعْدها بِيوم علاء راح لِمُشْرِف الرّحلات.

علاء سأل: "لَوْ سمحْت يا أُسْتاذ، أنا عايِز أروح الرِّحْلتِين. الإِسْتاد و الصّحرا. مُمْكِن؟"

المُدرِّس ردّ: "ماشي بسّ كِده هَيْكون غالي عليْك."

علاء قال: "لَوْ سمحْت، متْقولْش لِحدّ إنيّ قُلْتلِك. أنا بعْزِف جيتار و هشْتغل في السِّرّ في أيّ حفْلة."

المُدرِّس قال: "ياه؟ بِتِعْرف تِعْزِف جيتار بِجدّ؟ طيِّب، أيْه رأْيَك تِعْزِف في حفْل تخرُّج جامْعي؟ و بِالفِلوس دي تِروح الرِّحْلتِيْن!"

"ماشي بسّ لَوْ سمحْت محدِّش يِعْرف."

المُدرِّس قال: "تمام."

لمّا رِجِع علاء لِلبيْت، فِضِل يِتْمرّن و يِعْزِف علشان يِكون أحْسن.

و بعْد ساعات و ساعات مِن التّمْرين نام علاء.

[11:56]

❖ ❖ ❖

The next day, Alaa went to the trip supervisor.

Alaa asked, "Excuse me, sir, I want to go on both trips—the stadium and the desert. Is that possible?"

The teacher replied, "Alright, but that's going to be expensive for you."

Alaa said, "Please, don't tell anyone I told you. I play guitar and I'll secretly work a gig at a party."

The teacher said, "Really? You can actually play guitar? Alright, how about performing at a university graduation party? And with that money, you can go on both trips!"

"Okay, but please—no one can know."

The teacher said, "Alright, deal."

When Alaa got home, he kept practicing and playing so he could be at his best.

And after hours and hours of practice, Alaa fell asleep.

❖ ❖ ❖

و لمّا صِحي، نزِل بِالجّيتار الصُّبْح بدْري، و رِكِب تاكْسي و راح المدْرسة.

و بعْد ما وِصِل المدْرسة اِتّصل على باباه.

علاء قال: "معْلِشّ يا بابا، اِحْتِمال أتْأخّر النّهارْده. هكون معَ صُحابي."

الأبّ قال: "خلّي بالك مِن نفْسك!"

علاء كان مبْسوط جِدّاً، و كان مبْسوط أكْتر بِالجّيتار. و لمّا راح حفْل التّخرُّج، و عزف كُوَيِّس و الكُل كان مبْسوط مِنُّه. كان الجيتار الحاجة الوَحيدة اللي مبِيْكونْش مكْسوف مِنْها.

علاء كان مبْسوط مِن عزْفُه، و خد الفِلوس، و رِجِع البيْت.

❖ ❖ ❖

و تاني يوْم، راح علاء الإسْتاد معَ صُحابُه و فِضِل يِفكّر هَيِعْمِل أيْه لمّا يِكون معَ رنا و فيه عدد أقلّ مِن النّاس في الباص.

و لمّا وِصْلوا الإسْتاد بصّ على لوْحِة الأنْدية و شاف إسْم النّادي (RA). إفْتكر رنا على طول. و علشان كِده قرّر يِشجّع النّادي ده معاهُم عشان إسْم رنا.

[13:05]

When he woke up, he went out early in the morning with his guitar, took a taxi, and headed to school.

After he arrived at school, Alaa called his dad.

Alaa said, "Sorry, Dad, I might be late today. I'll be with my friends."

His father said, "Take care of yourself!"

Alaa was very happy, and even happier with his guitar. When he went to the graduation party, he played well, and everyone enjoyed it. The guitar was the one thing he never felt embarrassed about.

Alaa was happy with his performance, took the money, and went home.

The next day, Alaa went to the stadium with his friends and kept thinking about what he'd do when he's with Rana and there are fewer people on the bus.

When they arrived at the stadium, he looked at the team board and saw the club name (RA). He immediately thought of Rana. So he decided to support that team with them—because of her name.

و وَقْت ما كان علاء سرْحان، أصْحاب علاء صوّتوا: "جوووووْن! جوووْن!"

أحْمد كمان صوّت: "شُفْت؟ شُفْت الجوْن؟!"

علاء اِبْتسم و قال: "أَيْوَه، جميل!" و بدأ يِصقّف.

و كمِّل سرحانُه[1]، و فِضِل صُحابه يِتْكلِّموا عن الجوْن.

علاء رِجِع البيْت أخيراً بعْد يوْم مُرْهِق، لكِنُّه اِتْبسط.

❖ ❖ ❖

أمّا بقى في بيْت رنا، موبايْل رنا بيِرِنّ...

رنا ردِّت: "ألوْ؟"

اللي بِيْكلِّمْها قال: "أهْلاً! حضْرِتِك نِسيتي الجيتار بِتاعِك. أقْدر أجيبْهولِك إزّاي؟"

رنا اِسْتغْربِت و قالِت: "بسّ أنا معنْديش جيتار."

اللي بِيْكلِّمْها ردّ: "بسّ ده رقمِك اللي مكْتوب عليْه."

"خلاص تمام." و إدِّتْه العِنْوان.

[14:31]

While Alaa was daydreaming, his friends shouted, "Goooooal! Goooooal!"

Ahmad also shouted, "Did you see that? Did you see the goal?!"

Alaa smiled and said, "Yeah, beautiful!" and started clapping.

And Alaa kept daydreaming, while his friends went on talking about the goal.

Alaa finally got home after a tiring day, but he was happy.

❖ ❖ ❖

Meanwhile, at Rana's house, Rana's phone was ringing...

Rana answered, "Hello?"

The person on the phone said, "Hi! You forgot your guitar. How can I return it to you?"

Rana was confused and said, "But I don't have a guitar."

The caller replied, "But this is your number written on it."

"Alright then," and she gave him the address.

---

[1] Note that سرْحان is the (active participle) adjective daydreaming; سرحان is the verbal noun (masdar).

بِلّيْل، و بعْد ما الرّاجِل جاب الجيتار، أبو رنا سألْها: "أيْه يا رنا الجيتار ده؟"

رنا قالِت: "كان نِفْسي فيه يا بابا و واحْدة صاحْبِتي جابِتْهولي شُوَيّة."

أبوها قال: "خلّي بالِك مِنُّه بقى و إوْعي تِبوظيه."

بعْد ما الأبّ نام، قفلِت رنا الباب و فِضْلِت تِتْفرّج على الجيتار و تِحاول تِلْعب بيه، لكِن مكانِتْش بِتِعْرف تِلْعب بِالجّيتار.

❖ ❖ ❖

عدِّت اللَّيالي، و جِهْ معاد الرِّحْلة لِلصّحْرا.

طِلِع علاء الأُتوبيس. و اِتْفاجِئ بِالجّيتار اللي شبهْ الجيتار بِتاعُه بِالظّبْط، و كان معَ رنا و اِبْتسم.

فِضْلِت رنا تِحاوِل تِلْعب عليْه طول الطّريق. لكِن مكانِتْش بِتِعْرف تِلْعب عليْه.

علاء قاعِد يِقول لِنفْسُه: "يَلّا قوم كلِّمْها. يَلّا بقى دي فُرْصِتك!"

"دي الحاجة الوَحيدة اللي هتْساعْدك تِكلِّمْها."

[15:39]

That night, after the man brought the guitar, Rana's father asked her, "What's this guitar, Rana?"

Rana said, "I always wanted one, Dad, and a friend gave it to me for a bit."

Her dad said, "Take good care of it and don't you dare break it."

After her father went to sleep, Rana closed the door and kept looking at the guitar and trying to play it—but she didn't know how to play guitar.

The nights passed, and the day of the desert trip finally came.

Alaa got on the bus and was surprised to see a guitar that looked exactly like his, and it was with Rana—he smiled.

Rana kept trying to play it the whole way, but she didn't know how to play.

Alaa kept telling himself, "Come on, go talk to her. This is your chance!"

"This is the one thing that'll help you start a conversation with her."

علاء فِضِل مِخْتار و قال لِنفْسُه: "أكلِّمْها؟ مكلِّمْهاش؟ أكلِّمْها؟ مكلِّمْهاش؟ طيِّب إفْرِض أحْرجِتْني... طيِّب إفْرِض إنّ دي الفُرْصة الوَحيدة!"

و فجْأة الأُتوبيس وِقِف بِسبب مطبّ، فا قام علاء مِن غيْر قصْد مِن على الكُرْسي و وِقِف شُوَيّة و بعْديْن قرّب لِرنا. و قالّها: "على فِكْرة عنْدي جيتار. و مُمْكِن أساعْدِك."

اِبْتسمِت رنا و اِبْتسم علاء. و لمّا بدأ علاء يِعلِّمْها لمح الرّقم اللي مكْتوب على الجيتار و اِتْأكِّد إنّ ده الجيتار بِتاعُه هُوَّ.

لكِنُّه فِضِل يِعلِّمْها و مرْضيش يِقولّها.

علاء سألْها: "حبّيْتي الجيتار؟"

رنا ردِّت: "أَيْوَه، عجبْني أوي، خُصوصاً بعْد ما علِّمْتِني عليْه. ميرْسي[1]!"

اِبْتسم علاء.

فِضِل علاء و رنا يِتْكلِّموا، و باقي الوِلاد بِيْبُصّوا ليهُم. و البنات اللي كان عددْهُم أكْتر بِكْتير مِن الوِلاد بِيْبُصّوا ليهُم برْضُه.

أغْلب الوَقْت مكانْش فيه كلام مُباشِر. لكِن بعْد ساعات وَصل الأُتوبيس لِلواحة اللي في وِسْط الصّحرا. و حَواليْها نخْل و شجر. و كإنّها حِتّة مِن الجنّة.

[16:51]

Alaa stayed unsure and said to himself, "Should I talk to her? Should I not? Talk to her? Don't talk to her? What if I embarrass myself... but what if this is my only chance!"

Suddenly, the bus stopped because of a bump, and Alaa unintentionally got up from his seat, stood for a moment, then walked over to Rana and said, "By the way, I have a guitar. I can help you."

Rana smiled, and so did Alaa. When Alaa started teaching her, he noticed the number written on the guitar and realized it was his.

But he kept teaching her and chose not to tell her.

Alaa asked her, "Do you like the guitar?"

Rana replied, "Yeah, I really like it—especially after you taught me. Thanks!"

Alaa smiled.

Alaa and Rana kept talking while the other boys were looking at them. And the girls—who were way more in number than the boys—were looking too.

Most of the time there weren't many direct words. But after hours, the bus arrived at the oasis in the middle of the desert, surrounded by palm trees and greenery—it was like a piece of paradise.

---

[1] ميرّسي from French *merci*

نزِل المُدرِّسين و المُشْرِفين بِتوع الرِّحْلة و نصبوا الخِيام. و جهِّزوا الخشب عشان يوَلّعوه و ينوّروا بيه بِاللّيْل.

❖ ❖ ❖

علاء كان دايْماً معَ رنا أَوْ باصِص على رنا و فِضِل يِعلِّمْها العزْف على الجيتار بتاعُه. مِن غيرْ ما يِعرّفْها إنُّه الجيتار بِتاعُه.

رنا بصِّت لِعلاء و سألِتُه: "تِفْتِكِر يا علاء إزّاي الجيتار ده وَصل لِيّا؟ و ليْه رقمي مكْتوب عليْه؟"

علاء و هُوَّ بِيِضْحك قال: "تِلاقيه بابا نُويل!"

و رنا ضِحْكِت معاه.

علاء قالّها: "أنا هروح شُوَيّة و أرْجعْلِك. اِسْتنّيني."

"حاضِر."

راح علاء و هُوَّ بِيِجْري ناحْيِةْ الشّجر و النّخْل و لقى شجرِةْ تُفّاح مِن ضِمن مزْرعِةْ الواحة.

علاء طِلِع على الشّجرة، و قرّب لأِكْبر تُفّاحة و حفر علامِةْ قلْب على التُّفّاحة مِن برّه.

[18:33]

The teachers and trip supervisors got off and set up the tents. They prepared the wood to light a fire to use at night.

Alaa was always with Rana or watching her and kept teaching her how to play the guitar—without telling her it was his guitar.

Rana looked at Alaa and asked, "Do you think, Alaa, how did this guitar even get to me? And why is my number written on it?"

Alaa laughed and said, "Maybe it was Santa Claus!"

And Rana laughed with him.

Alaa said to her, "I'm going to go for a bit and I'll come back to you. Wait for me."

"Okay."

Alaa ran toward the trees and palm groves and found an apple tree as part of the oasis farm.

Alaa climbed the tree, got close to the biggest apple, and carved a heart symbol on it.

و رِجِع علاء لِرنا بِسُرْعة و خدْها لِلشّجرة.

رنا سألِت: "فيه أيْه بسّ؟ مالك؟"

علاء فِضِل يِشِدّها مِن إيديْها و يِقول: "هتْشوفي هتْشوفي!"

و لمّا وَصلوا لِشجرِة التُّفّاح، بصّ علاء لِعيْنيْها و قال: "أنا مُتردِّد و مكْسوف و دي طريقْتي الوَحيدة اللي أقولِّك بيها."

"تقول أيْه؟"

"هِزّي الشّجرة دي كِده."

"بسّ أنا ضعيفة، مقْدرْش."

"يَلّا أنا هساعْدِك."

رنا حرّكِت جِذْع الشّجرة، فا وِقْعِت التُّفّاحة اللي محْفور عليْها قلْب.

علاء اِتْكسف. "أنا..."

و شاوِر على التُّفّاحة مِن ناحْيِةْ القلْب.

رنا حطِّت إيديْها على بُقّها و اِتْكسفِت و خدِت التُّفّاحة مِنُّه، و مِشْيِت و هِيَّ مكْسوفة.

[19:46]

Alaa quickly returned to Rana and took her to the tree.

Rana asked, "What's going on? What's wrong?"

Alaa kept pulling her by the hand, saying, "You'll see, you'll see!"

When they reached the apple tree, Alaa looked into her eyes and said, "I'm hesitant and shy, and this is the only way I can tell you."

"Tell me what?"

"Shake this tree a little."

"But I'm weak, I can't."

"Come on, I'll help you."

Rana shook the tree trunk, and the apple with the carved heart fell.

Alaa got shy. "I..."

And he pointed to the heart on the apple.

Rana put her hand over her mouth, blushed, took the apple from him, and walked away shyly.

بِاللّيْل وَلّع المُدرِّسين في الخشب عشان يِعْمِلوا نار و التّلاميذ قعدوا حَوالين النّار دي و معاهُم المُدرِّسين.

المُشْرِف قال: "يا جماعة، أنا لقيْت رنا بِتِعْزِف النّهارْده و لازِم تِعْزِف دِلْوَقْتي و تِبْسِطْنا... يَلّا يا رنا! يَلّا سمّعينا!"

التّلاميذ قالوا بِصوْت واحِد[1]: "يَلّا! يَلّا!"

رنا ضِحْكِت و قالِت: "بلاش يا جماعة، بدل ما يِطْلعْلنا تِعْبان."

المُدرِّس قال: "تِعْبان أيْه بسّ؟ متِقْلقيش، يَلّا بقى اعْزِفي."

قامِت رنا و هِيَّ مكسوفة و حطِّت الجيتار على رِجْلها. و جنْبها علاء، و جنْبُهُم أصْحابْهُم و المُدرِّسين.

و بدأِت رنا تِعْزِف و التّلاميذ و المُدرِّسين يِصقّفوا... لِحدّ ما فجْأه و هِيَّ بِتِعْزِف، سِمْعوا صوْت تِعْبان!

فيه بنات صرّخت، و فيه وِلاد جِرْيوا، و فيه اللي مقْدِرْش يِمْشي أساساً مِن الخوْف.

رنا فِضْلِت مُغمّضة عيْنيْها و بِتِتْرِعِش.

[20:51]

At night, the teachers lit the firewood to make a bonfire, and the students sat around the fire with the teachers.

The supervisor said, "Everyone, I saw Rana playing guitar today, and she has to play for us now and cheer us up... Come on, Rana! Let's hear it!"

The students all shouted, "Come on! Come on!"

Rana laughed and said, "No, guys, let's not—what if a snake comes out?"

The teacher said, "A snake? Don't worry. Come on now, play!"

Rana stood up shyly and placed the guitar on her lap. Next to her was Alaa, and beside them were their friends and the teachers.

Rana started playing, and the students and teachers clapped... until suddenly, while she was playing, they heard the sound of a snake!

Some girls screamed, some boys ran, and others couldn't even move from fear.

Rana kept her eyes shut tight and was trembling.

---

[1] بِصوْت واحِد lit. *in one voice*

قام علاء جايِب بِسُرْعة خشبة مِن جنْب النّار.

و فِضِل يمِثِّل إنُّه بِيعْزِف لِلتِّعْبان.

التِّعْبان فِضِل يِتْحرّك معَ العصايَة الخشبية اللي علاء حاطِطْها في بُقُّه و بِيْحرّكْها معَ التِّعْبان. و بدأ يِبْعد شُوَيّة و شُوَيّة عن المكان اللي كانوا فيه.

المُدرِّس جاب سِكّينة و قال: "هُوَّ راح فينْ؟"

رنا قالِت: "معَ علاء! اِلْحقُه أرْجوك!"

رِجِع علاء و هُوَّ مبْسوط و قال: "لأ لأ، علاء لِحِق نفْسُه."

رنا ضِحْكِت مِن الفرْحة و التّلاميذ صقّفولُه و الوِلاد بدأوا بِالتّصْفير.

أحْمد قال: "هُوَّ أيْه اللي حصل ده؟ إزّاي يَعْني... إزّاي خشبة؟ و بعْديْن بِتِعْزِف بيها؟ إنْتَ غبي يابْني؟"

علاء ردّ: "لأ مِش غبي. عشان التِّعْبان أساساً مبِيِسْمعْش. و لمّا بِيِتْحرّك معَ عازِف النّاي بِيِتْحرّك عشان حركِةْ النّاي نفْسُه، مِش عشان الصّوْت."

بِنْت قالِت: "سيبك سيبك مِنُّه. تِلاقيه غيران مِن إنّك إنْتَ اللي مشّيْت التِّعْبان." التّلاميذ بدأوا يِضْحكوا.

[22:13]

Alaa quickly grabbed a stick from near the fire.

He started pretending to play it like a flute for the snake.

The snake kept moving with the wooden stick that Alaa held in his mouth, swaying it with the snake. Bit by bit, he led it away from where everyone was.

The teacher grabbed a knife and said, "Where did he go?"

Rana said, "With Alaa! Please go help him!"

Alaa came back smiling and said, "No, no, Alaa saved himself."

Rana laughed with joy, and the students applauded him while the boys started whistling.

Ahmad said, "What even just happened? How... I mean, how did a stick work? And you were playing it? Are you stupid, man?"

Alaa replied, "No, I'm not stupid. Snakes don't actually hear. When they move with the flute player, they're following the motion of the flute, not the sound."

A girl said, "Ignore him. He's just jealous that you're the one who got the snake to leave." The students burst out laughing.

قام علاء معَ رنا و قالّها: "شُفْتي لمّا قُلْتي فيه تِعْبان جالْنا تِعْبان إزّاي؟ ما تِقولي إنّ حاجة تانْيَة حِلْوَة مَوْجودة برْضُه. مُمْكِن تِتْحقّق هِيَّ كمان!"

رنا ضِحْكِت و قالِت: "لأ دي صُدْفة بسّ. و بعْدين حاجة حِلْوَة زيّ أيْه؟"

علاء قال: "حُبّي."

رنا اِتْكسفِت.

صاحْبِةْ رنا ندهِت عليْهُم و قالِت: "ما تيجوا هِنا يا جماعة! هنِبْدأ حفْلِةْ الشّوي!"

❖ ❖ ❖

بعْد الأكْل، المُشْرِف قال: "أيْه رأْيُكو بقى نِعْمِل مُسابْقِةْ معْلومات عامّة و نِتْسلّي؟!"

التّلاميذ قالوا: "يَلّا يَلّا!"

المُشْرِف قال: "ماشي، بسّ محدِّش يِجاوِب إلّا ما يِرْفع إيدُه الأوِّل." و سأل: "أيْه هُوَّ الحَيَوان اللي عنْدُه قلْبينْ؟"

علاء رفع إيدُه.

المُشْرِف قال: "جاوِب يا علاء."

[23:41]

Alaa stood with Rana and said to her, "See? When you said there was a snake, a snake came! So maybe say something nice exists too. Maybe that'll come true as well!"

Rana laughed and said, "No, that was just a coincidence. And anyway, something nice like what?"

Alaa said, "My love."

Rana blushed.

Rana's friend called out to them and said, "Come on over, everyone! We're starting the barbecue party!"

❖ ❖ ❖

After eating, the supervisor said, "So, how about we do a general knowledge quiz for fun?"

The students said, "Yeah! Let's do it!"

The supervisor said, "Alright, but no one can answer unless they raise their hand first." Then he asked, "What animal has two hearts?"

Alaa raised his hand.

The supervisor said, "Go ahead, Alaa."

علاء قال: "أنا يا أُسْتاذ!"

المُشْرِف قالُّه: "إنْتَ عنْدك قلْبيْن إزّاي يَعْني؟"

و بصّ على رنا و قال: "أَيْوَه! قول كِده بقى!" و بدأ يِضْحك.

التّلاميذ و المُدرِّسين ضِحْكوا أكْتر.

المُشْرِف قال: "بسّ لأ لأ، الإجابة هِيَّ الإخْطبوط."

التّلاميذ بِتِضْحك تاني.

❖ ❖ ❖

تاني يوْم الأُتوبيس رِجِع لِلمدينة، و الكُلّ مبْسوط و فرْحان، و علاء قاعِد جنْب رنا.

علاء بصّ لِرنا و قالّها: "الرِّحْلة دي أنا محْظوظ بيها."

رنا ردِّت: "و أنا كمان اِتْبسطْت أوي."

اِبْتسم علاء و حطّ إيدُه على إيد رنا.

لمّا رنا نامِت قام علاء و جاب وَرق و كتب فيها رسايِل و حطّها في دايْرِةْ الجيتار. و حطّ الجيتار بيْن إيديْن رنا.

[24:52]

Alaa said, "Me, sir!"

The supervisor replied, "What do you mean you have two hearts?"

And he looked at Rana and said, "Yeah! That's what I'm talking about!" and started laughing.

The students and teachers laughed even more.

The supervisor said, "No, no—seriously now, the answer is the octopus."

The students laughed again.

The next day, the bus returned to the city, and everyone was happy and cheerful, with Alaa sitting next to Rana.

Alaa looked at Rana and said, "This trip—I feel lucky because of it."

Rana replied, "I really had a great time too."

Alaa smiled and placed his hand over Rana's hand.

When Rana fell asleep, Alaa got up, grabbed some paper, wrote letters, and placed them inside the guitar's sound hole. Then he placed the guitar in Rana's arms.

و لمّا رنا رِجْعِت البيْت و شافِت الوَرق، كانِت كُلّها رسايِل حُبّ... و كانِت رنا مبْسوطة أوي.

❖ ❖ ❖

و بعْد أيّام... و أسابيع... و شُهور...

و رنا و علاء بيِتْعلِّموا سَوا على نفْس الجيتار، المُدرِّس راح لِعلاء و سألُه: "علاء، تِحِبّ إنْتَ تِعْزِف في حفْل التّخرُّج؟ وَلّا نِجيب ناس تانْيَة؟"

علاء ردّ و قال: "لأ لأ، يا أُسْتاذ. هعْزِف أنا. بسّ هاخُد الجيتار اللي في المدْرسة وَقْت الحفْلة بسّ."

المُدرِّس قال: "مفيش مُشْكِلة."

اِتّفق علاء معَ رنا على إنُّهُم هَيِعْزِفوا سَوا و كانوا بيِعْزِفوا سَوا كِتير... لِحدّ ما جِهْ يوْم حفل التّخرج.

❖ ❖ ❖

المُدرِّس قال: "الحقيقة يا جماعة إحْنا اِتّفقْنا معَ فرْقة موسيقية جميلة جِدّاً جِدّاً إسْمها RA يَعْني بِبساطة علاء و رنا."

[26:01]

When Rana got home and saw the papers, they were all love letters... and Rana was so happy.

And after days... and weeks... and months...

While Rana and Alaa were learning together on the same guitar, the teacher came to Alaa and asked, "Alaa, would you like to perform at the graduation party? Or should we get someone else?"

Alaa replied, "No, no, sir. I'll perform. But I'll only take the school guitar on the day of the event."

The teacher said, "No problem."

Alaa and Rana agreed to perform together and practiced together a lot... until the day of the graduation party came.

The teacher said, "Everyone, we've actually arranged for a really wonderful band called RA, which simply stands for Alaa and Rana."

التّلاميذ كُلُّهُم بيْصقّفوا. و دخل علاء و رنا يِعْزِفوا سَوا و كإنُّهُم شخْص واحِد، و عزفوا مِن غيْر وَلا غلْطة و كُلّ التّلاميذ كانوا بيْصقّفوا.

و وِسْط تصْقيف الطُّلّاب اِفْتكر علاء فريق RA اللي كان شجّعُه لإِسْم رنا. و دِلْوَقْتي بيِسْمع نفْس الإسْم و نفْس التّشجْيع، ناقِص بسّ كِلْمِةْ (جووْن!)

و بعْد العزْف، اِبْتسم علاء، و بصّ لِرنا، و أنْهوا الحفْلة معَ بعْض.

علاء مِشي معَ رنا و قالّها: "رنا، أنا عايِز أعْترِفْلِك بِحاجة."

رنا قالِت "و أنا كمان. بحِبّك."

"لأ، أنا اِعْترفْت بِحُبّي مِن زمان خلاص. فيه حاجة تانْيَة."

"أيْه هِيَّ؟"

"الجيتار ده كان بِتاعي. و كُنْت نِسيتُه لمّا كُنْت في حفْلة عشان أجيب فِلوس الرّحله دي... بسّ لأ لأ، خلّيه معاكي. أنا مبْسوط إنُّه ضاع مِنّي و جالِك أساساً."

"أنا محْظوظة بيك."

"إنْتي الحظّ نفْسُه!"

[27:13]

All the students applauded. Alaa and Rana came on stage and played together as if they were one person. They played without a single mistake, and the students were all clapping.

In the middle of the students' applause, Alaa remembered the RA team he had once supported just for Rana's name. And now he was hearing the same name and the same cheering—only missing the word 'Gooooal!'

After the performance, Alaa smiled, looked at Rana, and they ended the event together.

Alaa walked with Rana and said, "Rana, I want to confess something to you."

Rana said, "Me too. I love you."

"No, I confessed my love a long time ago. This is something else."

"What is it?"

"That guitar was mine. I had left it behind at a gig to earn money for this trip... but no, no—keep it. I'm glad it got lost and ended up with you."

"I'm lucky to have you."

"You are luck itself!"

و مشيوا سَوا.

و بدأِت الحفلات و بدأ النّاس يِطْلبوا علاء و رنا مخْصوص. و اِشْتغلوا لِحدّ ما اِشْتروا الجيتار التّاني. و خلّوا الشِّعار بِتاع الجيتاريْن... رقم موبايْل رنا.

و مِن هِنا بدأِت الفِرْقة الموسيقية RA اللي هتِفْضل رابِط بيْن علاء و رنا طول العُمْر.

[28:37]

And they walked off together.

The gigs started coming, and people began requesting Alaa and Rana by name. They performed until they could afford a second guitar. They made the signature mark on both guitars... Rana's phone number.

And that's how the musical duo RA began—a bond that would forever link Alaa and Rana.

Comprehension Questions

1. ليْه علاء دايمًا بيِبْقى آخِر واحِد يِرْكِب الأُتوبيس؟
2. أيْه اللي خلّى علاء يِحِبّ يُقْعُد في الجنْب اليمين في الأُتوبيس؟
3. أيْه اللي أحْمد طلبه مِن علاء في أوِّل اليوْم؟
4. ليْه علاء كان خايِف يِطْلع في الإذاعة المدْرسية؟
5. علاء جاب فِلوس الرِّحْلِتينْ مِنينْ؟
6. أيْه سِرّ اِخْتِيار علاء لِفريق RA في الإسْتاد؟
7. أيْه اللي علاء كتبُه على التُّفّاحة؟
8. إزّاي الجيتار وَصل لِرنا؟
9. ليْه علاء إخْتار يِسْتخْدِم عصايةْ خشب معَ التِّعْبان؟
10. أيْه كان تفْسير علاء لما التِّعْبان كان بيِتْحرّك معَ النّاي؟
11. أيْه اللي كان مكْتوب على الوَرق اللي في الجيتار؟
12. إزّاي علاء و رنا اِخْتاروا إسْم فِرْقِتْهُم؟
13. ليْه علاء ما قالْش لِرنا على الجيتار في الأوِّل؟
14. أيْه كان ردّ فِعْل رنا لمّا عِرْفِت إنّ الجيتار كان بِتاع علاء؟
15. علاء كان بيِعْمل أيْه لمّا كان بيِتّصِل بِرنا في الأوِّل؟
16. ردّ فِعْل المُدرِّسين كان أيْه على عزْف علاء و رنا في الحفْلة؟
17. إزّاي علاء ساعِد رنا تِتْعلِّم العزْف على الجيتار؟
18. أيْه كان شُعور علاء لمّا شاف الجيتار معَ رنا وهُمّا في رِحْلِةْ الصّحْرا؟
19. ليْه علاء كتب رقم رنا على إيدُه؟
20. الشِّعار النِّهائي لِلْفِرْقة الموسيقية كان أيْه؟

1. Why was Alaa always the last one to get on the bus?
2. What made Alaa prefer sitting on the right side of the bus?
3. What did Ahmad ask Alaa to do at the beginning of the day?
4. Why was Alaa afraid to participate in the school broadcast?
5. How did Alaa get money for both trips?
6. What was the secret behind Alaa's choice of team RA at the stadium?
7. What did Alaa carve on the apple?
8. How did the guitar reach Rana?
9. Why did Alaa choose to use a wooden stick with the snake?
10. What was Alaa's explanation for the snake's movement with the flute?
11. What was written on the papers in the guitar?
12. How did Alaa and Rana choose their band's name?
13. Why didn't Alaa tell Rana about the guitar at first?
14. What was Rana's reaction when she learned the guitar was Alaa's?
15. What did Alaa do when he first called Rana?
16. What was the teachers' reaction to Alaa and Rana's performance at the ceremony?
17. How did Alaa help Rana learn to play the guitar?
18. How did Alaa feel when he saw the guitar with Rana on the desert trip?
19. Why did Alaa write Rana's number on his hand?
20. What was the final emblem of the musical band?

Answers to the Comprehension Questions

1. عشان بيْتُه كان أقْرب واحِد لِلْمدْرسة.
2. عشان يِقْدر يِبُصّ على رنا اللي بِتُقْعُد وَرا السّوّاق على الشِّمال.
3. طلب مِنُّه إنُّه يِطْلع مكانُه في الإذاعة المدْرسية عشان هُوَّ تعْبان.
4. عشان هُوَّ مطْلِعْش فيها قبْل كِده و خايِف يِغْلط.
5. مِن العزْف بِالْجيتار في حفْلة تخرُّج في الجامعة.
6. إخْتارُه عشان الحُروف دي بِتْفكّرُه بِإسْم رنا.
7. حفر عليْها شكْل قلْب.
8. علاء نِسيُه في حفْلِةْ التّخرُّج و حدّ لقاه و وصّلُه لِرنا بعْد ما لقى رقمْها مكْتوب عليْه.
9. عشان يِقْدر يِتْحكّم في حركِةْ التِّعْبان و يِبْعدُه عن المكان.
10. قال إنّ التّعابين مبْتِسْمعْش وبِتِتْحرّك بسّ معَ حركِةْ النّاي نفْسُه.
11. كانِت كُلّها رسايِل حُبّ مِن علاء لِرنا.
12. اِخْتاروا RA مِن الحُروف الأولى مِن إسْميْهُم (رنا و علاء).
13. عشان يِفْضل يِعلِّمْها و يِكون قُريِّب مِنْها.
14. قالِتْلُه إنّها محْظوظة إنّها معاه.
15. كان بِيْحُطّ إيدُه على بُقُّه و مبْيِتْكلِّمْش، كان بسّ بِيِسْمع صوتْها و هِيَّ بِتْقول "ألو".
16. كانوا مبْسوطين و فخورين بيهُم و وَصفوهُم بِالْفِرْقة الموسيقية الهايْلة.
17. قعد معاها و علِّمْها وهُمّا في رِحْلِةْ الصّحْرا و بعْديْن فِضْلوا يِتْمرّنوا سَوا.
18. كان مبْسوط و اِبْتسم لمّا شافُه معاها.
19. عشان يِحْفظُه و يِتّصِل بيها، و كتبُه تحْت كُمّ القميص عشان محدِّش يِشوفُه.
20. رقم تِليفوْن رنا على الجيتاريْن.

1. Because his house was the closest to the school.
2. So he could look at Rana who always sat behind the driver on the left.
3. To take his place in the school broadcast because he was sick.
4. Because he had never participated before and was afraid of making mistakes.
5. By playing guitar at a university graduation ceremony.
6. He chose it because the letters reminded him of Rana's name.
7. He carved a heart shape on it.
8. Alaa forgot it at the graduation ceremony and someone found it and delivered it to Rana after finding her number written on it.
9. To be able to control the snake's movement and guide it away from the area.
10. He explained that snakes can't hear and only move with the physical movement of the flute itself.
11. They were all love letters from Alaa to Rana.
12. They chose RA from the first letters of their names (Rana and Alaa).
13. So he could continue teaching her and get closer to her.
14. She told him she was lucky to have him.
15. He would put his hand over his mouth and not speak, just listening to her voice saying "hello."
16. They were happy and proud of them and described them as a wonderful musical group.
17. He sat with her and taught her during the desert trip and then they continued practicing together.
18. He was happy and smiled when he saw it with her.
19. To memorize it and call her, and he wrote it under his shirt sleeve so no one would see it.
20. Rana's phone number on both guitars.

Summary

Read the scrambled summary of the story below. Write the correct number (1–10) in the blank next to each event to show the proper sequence.

___ علاء بيِرْكب باص المدْرسة و بيِحِبّ يِشوف رنا.

___ علاء اِعْترف لِرنا إنّ الجيتار كان بِتاعُه.

___ وهُمّا في رِحْلِةْ الصّحْرا، علاء علِّم رنا العزْف و عبّر عن حُبُّه.

___ أحْمد طلب مِن علاء إنُّه يِطْلع مكانُه في الإذاعة المدْرسية.

___ علاء خد رقم رنا مِن وَرقِةْ البَيانات و اِتّصل بيها.

___ علاء راح الإسْتاد و اِخْتار فريق RA عشان إسْم رنا.

___ رنا لِقْيِت الجيتار بِتاع علاء و حاوْلِت تِتْعلِّم عليْه.

___ علاء و رنا عزفوا سَوا في حفْل التّخرُّج.

___ علاء عزف في حفْلِةْ تخرُّج عشان يِجيب فِلوس لِلرِّحْلِتينْ.

___ علاء و رنا عملوا فِرْقِةْ RA و اِشْتغلوا سَوا.

Key to the Summary

1   Alaa would ride the school bus and liked to see Rana.

9   Alaa confessed to Rana that the guitar was his.

7   During the desert trip, Alaa taught Rana to play and expressed his love.

2   Ahmad asked Alaa to take his place in the school broadcast.

3   Alaa took Rana's number from the information sheet and called her.

5   Alaa went to the stadium and chose team RA because of Rana's name.

6   Rana found Alaa's guitar and tried to learn on it.

8   Alaa and Rana played together at the graduation ceremony.

4   Alaa played at a graduation ceremony to get money for both trips.

10   Alaa and Rana formed band RA and worked together.

Egyptian Arabic Reader

جَوازي صالوْنات

My Arranged Marriage

by Nourhan Sabek

Book 4

جَوازي صالوْنات[1]

الكُلّ في البيْت رايِح جايّ، و ماما بِترْتِّب الأطْباق و الكوبّيات لِلضُّيوف اللي هَييجوا. عريس[2] جايّ يِتْقدِّمْلي و أنا مشُفْتوش غيرْ مرّة بسّ في فرح قريبْنا. بابا مِن النّاس اللي تفْكيرْهُم زيّ زمان إنّ مفيش حاجة إسْمها حُبّ قبْل الجَواز و إنّ أهمّ حاجة في الجَواز إنّ الرّاجِل يِكون كُوَيِّس و مُحْترم.

أنا مليش رأْي زيّ أُخْتي الكِبيرة. اِتْجوِّزِت برْضُه واحِد اِخْتارُه بابا.

إحْنا عيْلة مُتَوَسِّطةْ الحال و تقْليدِيّين. حتّى لمّا اِتْحجِّبْت كان بِقرار مِن بابا و ماما إنّ الوَقْت مُناسِب إنّي أتْحجِّب. مِش معْنى كِده إنّي مُعْترِضة على الحِجاب بسّ كُنْت بقول إنّ ده المفْروض يِكون اِخْتِياري و إنّ الوَقْت المُناسِب ده المفْروض يِكون مُناسِب لِيّا، مِش لأِهْلي.

"إنْتي لِسّه مخلّصْتيش لِبْس يا هناء!"

ماما كالعادة بِتِسْتعْجِلْني في كُلّ حاجة حتّى اللِّبْس، دايْماً تِقوليّ إنّي باخُد وَقْت و بطيئة في كُلّ حاجة.

"بخلّص يا ماما."

"طيِّب بِسُرْعة، النّاس على وُصول!"

My Arranged Marriage

Everyone in the house is coming and going, and Mom is arranging the plates and glasses for the guests who are coming. A suitor is coming to propose to me, and I've only seen him once at a relative's wedding. Dad is one of those people who think like in the old days — that there's no such thing as love before marriage and that the most important thing in marriage is that the man is good and respectable.

I don't have a say like my older sister. She also married someone Dad chose.

We're a middle-class and traditional family. Even when I started wearing the hijab, it was because Dad and Mom decided that the time was right for me to wear it. That doesn't mean I'm against the hijab, but I used to say that it should be my choice and that the "right time" should be right for me, not for my parents.

"You're still not done getting dressed, Hana?!"

Mom, as usual, rushes me with everything — even getting dressed. She always tells me I take too long and that I'm slow at everything.

"I'm finishing, Mom."

"Okay, hurry up, the guests are about to arrive!"

---

[1] صالوْن sitting room is the room for entertaining guests. A home might also have a separate, casual room, صالة or ليڤيْنْج (living room) with a TV. The title of this story includes the expression جَواز صالوْنات arranged marriage (lit. sitting room marriage), which references the customary meeting between two families to agree on and arrange the details of a marriage, as is happening here in our story.

[2] عريس literally translates as groom, but in the context of this story, a more precise translation is suitor, a potential fiancé.

"حاضِر!"[1]

النّاس! عريس معْرفْش عنُّه حاجة غيْر إنُّه مُهنْدِس مِعْماري و شُغْل كُوَيِّس و عنْدُه شقّة و بابا بِيْقول إنُّه مُحْترم و إنُّه يِعْرف أبو العريس مِن زمان و أصْحاب. حتّى أبو العريس اللي بابا بِيْقول إنُّه صاحْبُه مفْتِكِرْش شُفْتُه قبْل كِده، بسّ عُموماً مِش هتِفْرِق أوي. ما دام بابا قرّر يِبْقى مفيش كلام بعْد كلامُه.

"هناء خلّصْتي؟" أُخْتي مرْيَم بِتْنادي عليّا مِن الصّالوْن.

خلّصْت لِبْس و خرجْت. "أَيْوَه يا مرْيَم."

"طيِّب اِدْخُلي المطْبخ اِعْمِلي القهْوَة. فاكْرة اللي علِّمْتُهولِك؟"

"آه."

"تمام، يَلّا."

مرْيَم و جوْزْها جايّين عشان يِكونوا معَ بابا لإِنِّنا ملْناش إخْوات وِلاد. جوْز أُخْتي مُحمّد طيِّب و مُحْترم و الحمْدُ لِلّه هِيَّ مبْسوطة معاه. عنْدُهُم وَلديْن و بِنْت. لمّا بشوفْها بقول: 'يمْكِن أنا كمان هكون كِده زيّها في يوْم لإِنّ بابا هُوَّ اللي بِيِخْتار و يِقرّر.' و بقول: 'الحمْدُ لِلّه أهو على الأقلّ الرِّجالة بِتِطْلع فِعْلاً مُحْترمين.'

Audio Track Timestamp: [1:36]

"Okay!"

The guests! A suitor I know nothing about except that he's an architect with a good job and owns an apartment. Dad says he's respectable and that he's known the groom's father for a long time — they're friends. Even the groom's father, who Dad says is his friend, I don't remember ever seeing him before, but anyway, it doesn't really matter. Since Dad made the decision, there's no discussion after his word.

"Hana, are you done?" My sister Maryam is calling me from the living room.

I finished getting dressed and came out. "Yes, Maryam."

"Okay, go into the kitchen and make the coffee. Remember what I taught you?"

"Yeah."

"Great, go on."

Maryam and her husband are coming to be with Dad since we don't have any brothers. My sister's husband, Mohamed, is kind and respectful, and thank God, she's happy with him. They have two boys and a girl. When I see her, I think: "Maybe I'll end up like her one day too since Dad is the one who chooses and decides." And I say, "Well, thank God at least the men turn out to be genuinely respectful."

---

[1] حاضِر! is an invariable expression (used by a man or woman) to comply with an order.

دخلْت المطْبخ و أنا بفْتِكِر وَقْت لمّا كُنْت في ثانَوي و الجامْعة لمّا كُنْت بحْلم إنيّ أبْقى مُخْتلِفة عن أُخْتي و بقيةْ البنات اللي أوِّل ما خلّصوا الجامْعة اِتْجوِّزوا و قعدوا في البيْت.

يمْكِن بابا سامِحْلي أشْتغل لإِنيّ كُوَيِّسة في مجالي و في التّعْليم، عكْس أُخْتي. كانِت بِتْذاكِر عشان بسّ تِنْجح و تِخلّص و خلاص.

أمّا أنا كُنْت بحِبّ التّعْليم و كان نِفْسي طول الوَقْت أكون بشْتغل في التّرْجمة لإِنيّ بحِبّ اللُّغات أوي و مِن و أنا صُغيرّة كُنْت بتْعلِّم لُغات و بحِبّ أترْجِمْها و أقْرا بيها. و فِعْلاً دخلْت الكُلّية و كمِّلْت تعْليم في اللُّغة الإِنْجِليزية و الفرنْسية، و بعْدها الحمْدُ لِلّه اِشْتغلْت في دار طِباعة مشْهورة بِـمُرّتب كُوَيِّس.

مرْيَم علِّمِتْني إزّاي أعْمِل القهْوَة. أنا أصْلاً مِش بعْرف أطْبُخ غيرْ شْوَيِّة حاجات بسيطة، لكِن المطْبخ مِش هِوايْتي زيّ مرْيَم. مرْيَم طبّاخة شاطْرة أوي و زيّ ماما بِتِعْمِل أكْل حِلْو جِدّاً. لكِن أنا مبعْرفْش خالِص أطْبُخ، بسّ هِيَّ جت مِن يومينْ و فِضْلِت تِعلِّمْني أعْمِل القهْوَة التُّرْكي إزّاي و فِعْلاً اِتْعلِّمْتها بعْد ما تقْريباً باظِت مِنّي أكْتر مِن عشر مرّات.

"هناء، النّاس وِصْلِت!"

[3:12]

I went into the kitchen remembering the time when I was in high school and college, when I used to dream of being different from my sister and the rest of the girls who got married and stayed home right after graduation.

Maybe Dad let me work because I'm good at what I do and in education, unlike my sister. She used to study just to pass and be done, that's all.

But I loved learning and always dreamed of working in translation because I really love languages. Ever since I was young, I used to learn languages and loved translating and reading in them. And I actually got into college and continued my studies in English and French, and afterward, thank God, I got a job at a well-known publishing house with a good salary.

Maryam taught me how to make coffee. I actually don't know how to cook anything more than a few simple things, and cooking isn't really my thing like it is for Maryam. Maryam is a great cook, just like Mom — she makes really delicious food. But I can't cook at all. Still, she came over two days ago and kept teaching me how to make Turkish coffee, and I finally learned it — after it basically got ruined more than ten times.

"Hana, the guests are here!"

مأخدْتِش بالي إنّ جرس الباب رنّ. كُوَيِّس إنّ ماما دخلِت و قالِتْلي و إلّا القهْوَة كانِت هتْبوظ مِنّي.

"أنا خلّصْت يا ماما."

"طيِّب شُوَيّة و لمّا أناديلِك تُخْرُجي تِقدِّمي القهْوَة لِلضُّيوف."

"حاضِر."

بعْد شُوَيّة ماما نادِت عليّا و خرجْت في إيدي صِنيةْ القهْوَة. عيْني في الأرْض مِش عشان مكْسوفة بسّ عشان ماما قالِت المفْروض البِنْت يِكون عنْدها حَياء و أنا طول عُمْري بسْمع كلام بابا و ماما في كُلّ حاجة بِيْقولوها.

بدأْت أقدِّم القهْوَة لِأهْل العريس. ماما و مرْيَم قالوا إنّ المفْروض و أنا بقدِّم القهْوَة أقدِّمْها لِبابا العريس الأوِّل و بعْدها مامْتُه و أُخْتُه و جوْزْها و في الآخِر هُوَّ. و ده اللي بعْمِلُه. قرّبْت مِن بابا العريس و قدِّمْت القهْوَة و بعْدها مامْتُه و أُخْتُه و جوْزْها و في الآخِر هُوَّ. بصّيْت عليْه لإِنّي كُنْت عايْزة أشوف مِن قُرَيِّب مين اللي جايّ يِتْقدِّمْلي. معَ إنّي شُفْتُه في فرح قريبْنا إلّا إنّي مأخدْتِش بالي أوي مِنُّه في الفرح.

[4:59]

I hadn't noticed the doorbell rang. Good thing Mom came in and told me, otherwise the coffee would've gotten ruined again.

"I'm done, Mom."

"Okay, just a little bit longer, and when I call you, come out and serve the coffee to the guests."

"Okay."

A little while later, Mom called me, and I came out holding the tray of coffee. My eyes were on the floor—not because I was shy, but because Mom said a girl should be modest, and I've always listened to what Mom and Dad say.

I started serving coffee to the groom's family. Mom and Maryam told me I should start by serving the groom's father first, then his mother, his sister and her husband, and finally him. And that's what I did. I approached the groom's father and served him, then his mother, his sister, her husband, and finally him. I looked at him because I wanted to see up close who it was that was proposing to me. Even though I had seen him at our relative's wedding, I hadn't paid much attention to him then.

باين عليْه كُوَيِّس. طَويل و شعْرُه حِلْو مِتْسرّح حِلْو. عيْنُه بُنّي فاتِح و بشْرِتُه نحاسية. و شعْرُه بُنّي غامِق. لابِس بدْلة سوْدا و قميص أبْيَض كِلاسيكي. مِش لاعِب في الألْوان كإنُّه بِيْوَصّل اِنْطِباع إنُّه مِش بِيْحِبّ التّغْيير أَوْ إنْسان تقْليدي و بِيْحِبّ الحاجات الكِلاسيك، معَ إنّ عُمْرُه ٣٥ سنة.

بعْد ما قدِّمْت القهْوَة ليه و هُوَّ اِبْتسمْلي، أنا قعدْت في الكُرْسي اللي جنْبُه. ماما وَضّبِت الصّالوْن إنّ الكنبة تيجي في الجنْب الشِّمال و كُرْسِيّيْن جنْبُهُم عشان العريس و أنا، و بقيةْ الكراسي في اليِمين عشان بابا و ماما و مرْيَم و جوْزْها. و كإنِّنا بِنِعْمِل الخُطوبة مِش مُجرّد طلب لِلجَّواز و بسّ!

"دي بِنْتي هناء."

سِمِعْت بابا بِيْقول إسْمي و حبّيْت أعْرف هَيْقول أيْه.

"اِتْخرّجِت مِن سنتيْن و بِتِشْتغل في دار نشْر كِبير مُترْجِمةْ إنْجِليزي و فرنْسي."

"ما شاء الله عليْها زيّ القمر." مامةْ العريس ردِّت على بابا و بصِّتْلي.

و أنا اِبْتسمْتِلْها و ردّيْت: "شُكْراً يا طنْط[1]."

[6:31]

He seems nice. Tall, with well-styled hair. His eyes are light brown and his skin is copper-toned. His hair is dark brown. He's wearing a black suit and a classic white shirt. He didn't play with colors, like he's giving off the impression that he doesn't like change or that he's traditional and likes classic things, even though he's 35 years old.

After I served him the coffee and he smiled at me, I sat in the chair next to him. Mom arranged the living room so the couch was on the left side and two chairs next to it for the groom and me, and the rest of the chairs on the right for Dad, Mom, Maryam, and her husband. It felt like we were already doing the engagement, not just a proposal!

"This is my daughter Hana."

I heard Dad say my name and wanted to hear what he'd say next.

"She graduated two years ago and works at a major publishing house as an English and French translator."

"Mashallah, she's as lovely as the moon." The groom's mother responded to Dad and looked at me.

I smiled at her and replied, "Thank you, Auntie."

---

[1] طنْط (from the French tante) is a polite form of address to a female acquaintance a generation older, such as a friend's mother.

باين إنّ العيْلة كُوَيِّسة بسّ أنا مِش عارْفة. أنا فاكْرة لمّا كُنْت في الجامْعة هالة صاحْبِتي كانِت دايْماً تِقوليّ إنّ حِلْمها إنّها تِتْجوِّز واحِد عنْدُه عربية و شقّة و يِكون مُحْترم و أهْلُه كُوَيِّسين. و لمّا كُنْت بسْألْها "ليْه كُلّ ده؟"، كانِت تِقوليّ إنّ الشّقّة و العربية أساس عشان نِتْنِقِل و نِعيش مِرتاحين، و إنّ الأهْل يِكونوا كُوَيِّسين و حِلْوين عشان إحْنا البنات مِش بِنِتْجوِّز الرّاجِل بسّ، ده اِحْنا بِناخْدُه بِعيْلْتُه كُلّها، فا لَوْ مكانوش كُوَيِّسين الحَياة مِش هتْكون حِلْوَة.

أنا عارْفة إنّ كلامْها صحّ. لَوْ العيْلة مِش حِلْوَة الحَياة مِش هتْكون حِلْوَة و إحْنا بِنِتْجوِّز عشان نِعْمِل عيْلة و نِكبرّْها، مِش عشان نِعيش لِوَحْدِنا.

أنا طول عُمْري مِش معَ الجَواز بدْري وَلا الجَواز التّقْليدي لكِن لمّا كِبِرْت، فِهِمْت إنيّ مِش هَيِنْفع أخالِف رأْي أهْلي و إنّ في الآخِر هسْمع كلامْهُم زيّ أُخْتي.

"هناء!"

بصّيْت لِماما و هِيَّ بِتْنادي. "نعم يا ماما؟"

"قومي جهِّزي الأطْباق لِلضُّيوف."

"حاضِر."

[8:05]

The family seems nice, but I don't know. I remember when I was in college, my friend Hala always used to tell me her dream was to marry a guy who had a car and an apartment and was respectable and came from a good family. And when I'd ask her, "Why all that?" she'd say the apartment and car are the basics so we can move and live comfortably, and the family should be good and kind because we girls don't just marry the man—we marry into his whole family. So if they're not good, life won't be good.

I know she was right. If the family isn't good, life won't be good, and we get married to build a family and grow it, not to live alone.

I was never into early marriage or traditional marriage, but as I got older, I understood that I can't go against my family's opinion, and in the end, I'll follow their wishes just like my sister did.

"Hana!"

I looked at Mom as she called out, "Yes, Mom?"

"Go prepare the plates for the guests."

"Alright."

النّهارْده كُلّ الحاجة عليّا، مِن أوِّل القهْوَة و تقْديمْها لِلضُّيوف و بعْد كِده الجاتوْه و الحاجة السّاقْعة. مأخدْتِش بالي إمْتى خلّصوا القهْوَة. قُمْت عشان أجهِّز الأطْباق و مرْيَم قامِت معايا. أنا و أُخْتي الفرْق بينّا خمس سِنين بسّ طول عُمْرِنا بِرغْم كُلّ خِلافِتْنا إلّا إنِّنا أصْحاب و قُريِّبين مِن بعْض أوي.

حضّرْنا أطْباق الجاتوْه و حطّيْت البيبْسي في الكوبّايات و جِبْت صِنية كِبيرة حطّيْت فيها الأطْباق و الكوبّايات.

قدِّمْت لِلضُّيوف الجاتوْه و الحاجة السّاقْعة. و قعدْت تاني مكاني بعْد ما أخدْت طبقي و كوبّايْتي. أنا مِش بشْرب قهْوَة تُرْكي لكِن بحِبّ أنْواع القهْوَة التّانْيَة و بسْتمْتِع بيها و بعْمِلْها في البيْت زيّ النّسْكافيْه[1] و الكابُتْشينو و اللّاتيْه و حتّى القهْوَة السّاقْعة.

و أنا في الثّانَوية كُنْت باكُل حلَوِيّات كِتير، فا كان وَزْني زايِد شْوَيّة. و رُحْت لِدُكْتور و خسّيْت و مِن ساعِتْها بحاوِل أحافِظ على وَزْني و معَ إنيّ ضعيفة مِن ناحْيِةْ الشُّكولاتة إلّا إنيّ بقيْت بعْرف أمْسِك نفْسي و أبطّل آكُلْها كِتير.

"إحْنا جايّين نِتْقدِّم لبِنْتْكو هناء لإبْنِنا خالِد."

[9:38]

Today, everything is on me—from the coffee and serving it to the guests, to the cake and the cold drinks. I didn't even notice when they finished the coffee. I got up to prepare the plates, and Maryam got up with me. There are only five years between me and my sister, and even though we've always had our differences, we've always been close and good friends.

We prepared the cake plates, I poured Pepsi into the glasses, and brought a big tray to arrange the plates and glasses on.

I served the guests the cake and the cold drinks, then sat back down after grabbing my own plate and glass. I don't drink Turkish coffee, but I love other types of coffee and enjoy making them at home—like Nescafé, cappuccino, latte, and even iced coffee.

Back in high school, I used to eat a lot of sweets, so I had gained a little weight. I went to a doctor and lost it, and since then I've tried to maintain my weight. Even though I'm weak when it comes to chocolate, I've learned to control myself and stopped eating too much of it.

"We're here to propose to your daughter Hana for our son Khaled."

---

[1] النّسْكافيْه Nescafé is a popular brand name of instant coffee. Egyptians tend to use this brand name in a generic sense (that is, even if referring to other brands), as they do with Pepsi (to mean 'cola').

سِمِعْت عمّو[1] و هُوَّ بِيِطْلُب إيدي مِن بابا و بابا اِبْتسم و قال: "إحْنا يِشرّفْنا إنّ إبْنُكو خالِد يُطْلُب إيد بِنْتِنا هناء."

يا ترى كُلّ البِيوت كِده اللي فيها بنات، يَعْني كُلُّهُم بِيِتْجوِّزوا جَواز تقْليدي وَلّا فيه بنات بِتْحِبّ و تِخْتار اللي هتْجوِّزُه؟ مِش عارْفة. بسّ أكيد فيه بنات زيّي كِتير و فيه برْضُه بنات مُخْتلِفين. مِش عارْفة أنْهي أحْسن: اللي بِيِتْجوِّزوا جَواز تقْليدي وَلّا جَواز عن حُبّ و اِخْتِيار؟ يِمْكِن مفيش أحْسن و أَوْحش في النّصيب و القدر و حسب اِخْتِياراتْنا و تقاليدْنا و ترْبِيِّتْنا.

"بِـما إنِّنا مِتِّفْقين، مُمْكِن نِتْكلِّم في طلاباتْكو؟"

مامِةْ خالِد اِتْكلِّمِت و قطعِت أفْكاري شُوَيّة. و أخدْت بالي إنّ بابا وافِق على خالِد خلاص.

"طلباتْنا مِش كِتير..."

طلبات! كُلّ اِتْنيْن بِيِيجوا يِتْجوِّزوا بِيْكون فيه طلبات... مِن أهْل العروسة لِأهْل العريس و العكْس. معْرفْش كِتير عن الحِوار ده لكِن فاكْرة لمّا مرْيَم و مُحمّد اِتْجوِّزوا كُنْت بسْمع طلبات بابا إنّ العريس عنْدُه شقّة و يِجيب الأجْهِزة الكهْربائية و النّجف و أوْضِةْ النّوْم. و العروسة عليْها النُّصّ اللي باقي: الصّالة و الصّالون و الأوْضة التّانْيَة.

[11:17]

I heard Uncle saying he wanted my hand in marriage, and Dad smiled and said, "We'd be honored for your son Khaled to propose to our daughter Hana."

I wonder if all homes with daughters are like this. Does everyone marry through traditional proposals, or are there girls who fall in love and choose who they marry? I don't know. But surely, there are a lot of girls like me—and also different kinds of girls. I'm not sure which is better: traditional marriage or marriage through love and choice. Maybe there is no better or worse—it's all fate and based on our choices, traditions, and upbringing.

"Since we're in agreement, can we talk about your requests?"

Khaled's mother spoke and broke my train of thought. I realized that Dad had already agreed to Khaled.

"Our requests aren't many..."

Requests! Every couple that gets married has requests—from the bride's family to the groom's and vice versa. I don't know much about all that, but I remember when Maryam and Mohamed got married, I used to hear Dad's requests: that the groom must have an apartment, bring the electrical appliances, chandeliers, and the bedroom set. The bride's family would handle the rest: the living room, the salon, and the other room.

---

[1] عمّو uncle is polite form of address to a male acquaintance a generation older, such as a friend's father.

و لَوْ الشّقّة واسْعة شُوَيّة بِحمّامينْ و تلات أُوَض هُوَّ بِيْجيب الأجْهِزة و النّجف و ياخُد أوْضْتينْ يِجهِّزْهُم و العروسة باقي الشّقّة.

صوْت بابا قطع أفْكاري: "النُّصّ بِالنُّصّ، هُوَّ نُصّ الشّقّة و إحْنا النُّصّ الباقي."

زيّ ما عمل معَ أُخْتي و مُحمّد، هَيِعْمِل معايا. مكُنْتِش مِركِّزة أوي في الطّلبات و بصّيْت لِخالِد شُوَيّة و سألْت نفْسي: يا ترى أنا جاهْزة لِلجَّواز؟ باين عليْه كُوَيِّس و مُحْترم و عيْلْتُه حِلْوَة. حتّى أُخْتُه و جوْزْها كُوَيِّسين. بسّ أنا مِش حاسّة إنيّ جاهْزة لِكُلّ ده، لِجَواز و بيْت و مسْئولية. مِش حاسّة إنيّ جاهْزة أكون أُمّ و أشيل بيْت كامِل زيّ ماما.

أنا لِسّه ٢٥ سنة و دايْماً بقول إنيّ لِسّه طِفْلة. إزّاي فجْأة أكْبر و أتْجوِّز و أتْحمِّل مسْئوليةْ بيْت لِوَحْدي؟ أنا عارْفة إنيّ مِش هكون لِوَحْدي و خالِد هَيْكون معايا، بسّ يا ترى هُوَّ جاهِز لِلجَّواز وَلّا زيّي مِش جاهِز و جايّ عشان أهْلُه اِخْتاروني عروسة ليه؟!

مِش فاكْرة إنيّ سِمِعْتُه بِيِتْكلِّم خالِص. يمْكِن هُوَّ زيّي بِيْفكّر و بِيِسْمع بسّ!

[13:01]

And if the apartment is a bit spacious with two bathrooms and three rooms, he brings the appliances and chandeliers and prepares two rooms, while the bride handles the rest.

Dad's voice interrupted my thoughts: "Half and half—he handles half the apartment, and we do the other half."

Just like he did with my sister and Mohamed, he'll do the same with me. I wasn't really focused on the requests and glanced at Khaled for a bit and asked myself: Am I ready for marriage? He seems kind and respectful, and his family seems nice—even his sister and her husband are good people. But I don't feel ready for all this—for marriage, a home, and responsibility. I don't feel ready to be a mother and manage a whole household like Mom.

I'm only 25, and I always say I'm still a kid. How am I suddenly supposed to grow up, get married, and handle a household on my own? I know I won't be alone and Khaled will be with me, but is he ready for marriage, or is he just like me—not ready and only here because his family chose me as his bride?

I don't remember hearing him talk at all. Maybe he's like me—just thinking and listening!

"عمّي أنا جاهِز لِأيّ طلبات و لَوْ عايِزْني أجهِّز الشّقّة كُلّها مفيش مُشْكِلة."

خالِد اِتْكلِّم بعْد ما بابا قال الطّلبات و كانِت حاجة حِلْوَة مِنُّه يِعْرِض إنُّه يِجهِّز الشّقّة كُلّها لكِن بابا قرّر إنيّ أنا و مرْيَم نِكون زيّ بعْض و مفيش فرْق بيْنّا.

أنا اِبْتسمْت لِخالِد لمّا بصِّلي و سألْني بِصوْت واطي: "إنْتي هادْيَة كِده دايْماً وَلّا عشان بسّ إحْنا مَوْجودين؟"

أنا في العادة مِش هادْيَة خالِص و بحِبّ أتْكلِّم و أتْعرّف على ناس جِديدة، لكِن الوَضْع هِنا مُخْتلِف. هِنا خالِد جايّ يِتْقدِّمْلي و أنا مِش عارْفة مُمْكِن نِتْكلِّم في أيْه و يِنْفع أكلِّمْه أصْلاً مِن غيْر ما بابا يِسْمحْلي وَلّا لأ!

"لأ، هُوَّ أنا مِش هادْيَة بسّ مِش عارْفة مُمْكِن نِتْكلِّم في أيْه."

"نِتْعرّف على بعْض، وَلّا أيْه رأْيَك يا عمّي؟" خالِد سأل بابا و كإنُّه قرا أفْكاري و إنُّه المفْروض بابا يِسْمحْلِنا نِتْكلِّم سَوا الأوِّل.

"المفْروض تِتْكلِّموا و تِتْعرّفوا على بعْض أكْتر." بابا ضِحِك.

"الواضِح إنّها مكْسوفة مِنِّنا." أُخْت خالِد ضِحْكِتْلي.

[14:36]

"Uncle, I'm ready for any requests, and if you want me to furnish the whole apartment, no problem." Khaled spoke after Dad mentioned the requests, and it was a nice gesture from him to offer to furnish the whole apartment, but Dad had already decided that Maryam and I would be treated the same, no difference between us.

I smiled at Khaled when he looked at me and asked in a quiet voice, "Are you always this calm, or is it just because we're here?"

Normally, I'm not calm at all—I love talking and meeting new people. But this situation is different. Khaled is here to propose, and I don't even know if I can talk to him or what to say, or if I'm even allowed to talk to him without Dad's permission!

"No, I'm not usually calm—I just don't know what we're allowed to talk about."

"To get to know each other, right? What do you think, Uncle?" Khaled asked Dad, like he read my thoughts—that we needed Dad's permission to talk first.

"Of course, you should talk and get to know each other better." Dad laughed.

"Looks like she's shy around us." Khaled's sister laughed at me.

"هِيَّ هناء كِده. أوِّل مرّة تِكون هادْيَة و بعْدها تِشوفوا الكلام بِتاعْها."

ماما ردِّت على أُخْت خالِد و هِيَّ بِتِضْحك و الكُلّ مبْسوط و أنا بحاوِل أبْتِسِم أَوْ أرْسِم اِبْتِسامة على وِشّي حتّى لَوْ مِش مِن جُوّايا.

خالِد رِجِع بصِّلي و كلِّمْني: "بِتِعْرفي تُطْبُخي يا هناء؟"

و قبْل ما أرُدّ، ماما اِتْدخّلِت بِسُرْعة و قالِت: "هناء شاطْرة جِدّاً في المطْبخ و بِتْساعِدْني زيّ مرْيَم. البِنْتيْن بِيْحِبّوا الطّبْخ جِدّاً."

بصّيْت لِماما مِسْتغْربة ليْه قالِت كِده و هِيَّ عارْفة إنيّ مِش بحِبّ الطّبْخ وَلا بعْرف فيه أصْلاً. فكّرْت يمْكِن هِيَّ قالِت كِده عشان مَيْكونْش عنْدُهُم حِجّة يِلْغوا الجَواز. ساعات بفكّر لَوْ قُلْت الحقيقة و هِيَّ إنيّ مِش بعْرف أطْبُخ و إنيّ هادْيَة يا ترى هَيِتْلِغي الجَواز؟ مِش يمْكِن أنا عايْزاه يِتْلِغي خالِص و متْجوِّزْش؟!

مِش عارْفة. أفْكاري مِلغْبطة و مِش عارْفة أنا حاسّة بِأيْه.

صوْت ماما فوّقْني: " مِش كِده يا هناء؟"

مكُنْتِش مِركِّزة أوي هِيَّ قالِت أيْه، لكِن وافِقْتها و سِكِتّ تاني.

خالِد كإنُّه أخد بالُه إنيّ مِش معاهُم أَوْ إنيّ مِش مُوافْقة ماما فِعْلاً و قال: "و حتّى يا طنْط لَوْ مِش بِتِعْرف أعلِّمْها أنا."

[16:08]

"That's how Hana is. She's quiet at first, then you'll see how much she talks," Mom replied to Khaled's sister, laughing, and everyone was happy while I tried to smile—or at least force a smile on my face, even if it wasn't from the heart.

Khaled looked back at me and asked, "Do you know how to cook, Hana?"

Before I could answer, Mom quickly jumped in and said, "Hana is very good in the kitchen and helps me just like Maryam. Both my girls love cooking."

I looked at Mom, surprised she said that, knowing full well that I don't like cooking and don't even know how. I thought maybe she said that so they wouldn't have a reason to cancel the marriage. Sometimes I wonder—if I told the truth, that I don't know how to cook and that I'm quiet—would the marriage be called off? Maybe I actually want it to be called off and not get married at all!

I don't know. My thoughts are a mess and I don't know how I really feel.

Mom's voice pulled me back: "Right, Hana?"

I wasn't really focused on what she said, but I agreed and stayed quiet again.

It's like Khaled noticed I wasn't with them or that I didn't really agree with Mom, and he said, "Even if she doesn't, Auntie, I can teach her."

بصّيْتْلُه و اِسْتغْربْت. راجِل بيِعْرف يُطْبُخ! دي حاجة جِديدة عليّا. كُلّ صحْباتي اللي اِتْجوِّزوا هُمّا اللي بيِتْعلِّموا الطّبْخ أَوْ أصْلاً بيِعْرفوا يُطْبُخوا. لمّا كُنْت بروح أفْراحْهُم كان عنْدي حِلْم إنّ فرحي يِكون مُخْتلِف و إنّي أنا اللي أخْتار اللي هتْجوِّزُه و أكون بحِبُّه لكِن النّصيب كان مُخْتلِف و فكّرْت حتّى لَوْ مخْترْتِش العريس مُمْكِن أخْتار شكْل فرحي يِكون عامِل إزّاي.

"هناء..." خالِد بيْكلِّمْني.

"إنْتي مِش معانا خالِص. بِتْفكّري في أيْه؟"

"مفيش. مِش بفكّر في حاجة مُعيّنة."

"مبْسوطة؟"

"آه."

"أنا عارِف إنِّنا منِعْرفْش بعْض كُوَيِّس، بسّ هنِتْعرّف و هنِتْكلِّم و نِتْقابِل كِتير و هَيْكون فيه خُطوبة و فُرْصة إنِّنا نِعْرف بعْض أكْتر قبْل الجَواز."

"إن شاء اللّه يا خالِد."

[17:54]

I looked at him, surprised. A man who knows how to cook! That's new to me. All my friends who got married either already knew how to cook or had to learn. When I used to go to their weddings, I had this dream that mine would be different—that I'd choose who I marry and be in love. But fate had other plans, and I thought, even if I didn't choose the groom, maybe I can choose what my wedding will be like.

"Hana..." Khaled was talking to me.

"You're not with us at all. What are you thinking about?"

"Nothing. I'm not thinking about anything in particular."

"Are you happy?"

"Yeah."

"I know we don't know each other well yet, but we'll get to know each other and talk more and meet often. There will be an engagement, and we'll have the chance to get to know each other better before marriage."

"Inshallah, Khaled."

اِبْتسمْنا لبِعْض و رِجِع السُّكوت تاني أَوْ على الأقلّ أنا سِكِتّ و سامْعاهُم بيِتْكلِّموا و بيِضْحكوا و مرْيَم قدِّمِت الشّاي ليهُم. المرّة دي هِيَّ مخلِّتْنيش أقدِّم حاجة. هِيَّ اللي قامِت و عملِت الشّاي و قدِّمِتُه ليهُم.

العيْلْتيْن كُوَيِّسين سَوا و خالِد بايِن عليْه كُوَيِّس و بيِتْكلِّم معايا كُوَيِّس. يمْكِن هُوَّ ده اللي هَيِسْعِدْني و يِخلّيني أعيش حَياة حِلْوَة و أكون مبْسوطة! و يمْكِن الحِوار مِش وِحِش أوي زيّ ما أنا متْخيِّلة.

يمْكِن أنا بسّ مِسْتغْربة أَوْ مِش عارْفة حاسّة بِأيْه بِظبْط، لكِن اللي عارْفاه إنيّ مقْدرْش إنيّ أرْفُض ما دام بابا وافِق على خالِد و إنّ يمْكِن النّصيب ده أحْسن مِن غيرْه!

متْخيِّلة في يوْم لَوْ بقيْت أُمّ إنيّ هغيرّ شْوَيّة مِن العادات دي و أخلّي بِنْتي أَوْ إبْني يِخْتاروا اللي هَيِتْجوِّزوهُم و مِش هَيْكون جَواز تقْليدي كِده.

يمْكِن الحُبّ بييجي بعْد الجَواز! يمْكِن مفيش فِعْلاً حُبّ قبْل الجَواز زيّ ما بابا بيْقول و إنّ إزّاي هنْحِبّ حدّ معاشِرْناهوش وَلا عِشْنا معاه و شُفْنا كُلّ حلاتُه و هُوَّ مِتْعصّب و هادي، و هُوَّ بيِكْرهْ و هُوَّ بيْحِبّ، و هُوَّ بيِتْكلِّم، بيْحِبّ أيْه و بيِكْرهْ أيْه؟ بياكُل أيْه و يِشْرب أيْه؟ كُلّ ده مبيِتْعِرِفْش إلّا لمّا تِعيش[1] معَ الإنْسان ده و تِعاشْرُه.

[19:05]

We smiled at each other and then it went quiet again—or at least I went quiet and just listened to them talking and laughing while Maryam served them tea. This time she didn't make me serve anything. She got up and made the tea and served it herself.

The two families get along well, and Khaled seems nice and speaks to me respectfully. Maybe this is what will make me happy and let me live a good life and feel content! And maybe this whole thing isn't as bad as I imagined.

Maybe I'm just surprised or not really sure what I'm feeling exactly, but what I do know is that I can't say no now that Dad has agreed to Khaled—and maybe this match is better than others!

I imagine that if I become a mother one day, I'll change some of these customs and let my daughter or son choose who they want to marry—it won't be this kind of traditional marriage.

Maybe love really does come after marriage! Maybe there really isn't love before marriage like Dad says. How can we love someone we haven't lived with, haven't seen in all their moods—when they're angry, calm, when they hate and when they love, how they speak, what they like and dislike, what they eat and drink? You can only know all of that when you actually live with a person and share life with them.

---

[1] Notice this verb is masculine singular, as it refers to an impersonal you.

"على خيرْ و ربِّنا يِكْرِم وِلادْنا سَوا." عمّو قال لِبابا.

قرّروا و خلاص إنّ أنا و خالِد هنِتْجوِّز. و بابا باين إنُّه مُعْجب بِخالِد أوي و ماما كمان و إنّ عمّو و طنْط مُعْجبين بِيّا. مرْيَم ضِحْكِت لِيّا و أنا اِبْتسمِت. خِلْصِت الاِتِّفاقات اللي غالِباً مسمعْتِش مِنْها حاجة غيرْ قُلیِّل و اللي فِهِمْتُه مِن كلام بابا و خالِد إنّ أنا و خالِد هنِتْقابِل في الأجازات عشان نِتْكلِّم و نِعْرف بعْض أكْتر.

"أكيد يا خالِد يابْني، هتِتْقابْلوا و تِتْعرّفوا على بعْض."

"شُكْراً يا عمّي."

بابا بصِّلي و قال: "أيْه رأْيَك يا هناء؟"

اِبْتسمْت و وافِقْت على كلامُه.

"هناء أنا مُنْتظر نِتْكلِّم و نِتْقابِل عشان نِتْعرّف على بعْض أكْتر."

"و أنا كمان يا خالِد." اِبْتسمْتِلُه.

سلِّموا عليْنا و قاموا يِسْتأْذِنوا عشان يمْشوا، و خِلِص يوْم طَويل بعْد ما اِتّفقوا و اِتْرتّبِت جَوازي مِن خالِد.

[20:59]

"May everything go well, and may God bless our children together," Uncle said to Dad.

They'd made the decision—I was going to marry Khaled. Dad clearly liked him a lot, and so did Mom. And Uncle and Auntie seemed to like me. Maryam smiled at me, and I smiled back. The agreement was done, though I probably didn't hear much of it— just a little—but from what I understood from Dad and Khaled, Khaled and I would meet during the holidays to talk and get to know each other more.

"Of course, Khaled, son—you'll meet and get to know each other better."

"Thank you, Uncle."

Dad looked at me and asked, "What do you think, Hana?"

I smiled and agreed with what he said.

"Hana, I'm looking forward to talking and meeting so we can get to know each other more."

"Me too, Khaled." I smiled at him.

They said goodbye and asked to take their leave, and a long day came to an end after the agreement was made and my marriage to Khaled was arranged.

Comprehension Questions

1. ماما ليْه كانِت بِترْتِّب الأطْباق و الكوبِّيات في البِدايَة؟
2. هناء شافِت العريس كامر مرّة قبْل ما يِتْقدِّمْلها؟
3. بابا كان رأْيُه أيْه في مَوْضوع الحُبّ قبْل الجَواز؟
4. هناء اِتْحجِّبِت إزّاي و ليْه؟
5. هناء كانِت بِتِشْتغل أيْه و كانِت شاطْرة في أيْه؟
6. ليْه هناء مكانِتْش بِتِعْرف تُطْبُخ كُوَيِّس؟
7. فرْق السِّنّ بيْن هناء و أُخْتها مرْيَم كان كام؟
8. خالِد شكْلُه كان عامِل إزّاي في أوِّل مرّة شافِتُه هناء في البيْت؟
9. طلبات الجِهاز كانِت أيْه؟
10. ماما ليْه كِدْبِت و قالِت إنّ هناء بِتِعْرف تُطْبُخ؟
11. هناء كان عنْدها كام سنة وَقْت القِصّة؟
12. مين اللي علِّم هناء إزّاي تِعْمِل القهْوَة التُّرْكي؟
13. ردّ فِعْل خالِد كان أيْه لمّا عِرِف إنّ هناء مبْتِعْرفْش تُطْبُخ؟
14. أحْلام هناء عن جَوازْها كانِت أيْه قبْل ما يِتْقدِّمْلها خالِد؟
15. ليْه هناء كانِت ساكْتة طول الوَقْت و مبْتِتْكلِّمْش كِتير؟
16. الصّالوْن كان مِترْتِّب في البيْت إزّاي؟
17. مين كان بِيِشْتغل مُهنْدِس مِعْماري؟
18. ليْه مرْيَم و جوزْها حضروا يوْم الخُطوبة؟
19. كام مرّة هناء بوّظِت القهْوَة قبْل ما تِتْعلِّمْها؟
20. هناء كانِت بِتْفكّر تِربّي وِلادْها إزّاي في المُسْتقْبل؟

1. Why was Mom arranging the plates and cups at the beginning?
2. How many times had Hana seen the suitor before he came to propose?
3. What was Dad's opinion about love before marriage?
4. How and why did Hana start wearing the hijab?
5. What was Hana's job and what was she good at?
6. Why didn't Hana know how to cook well?
7. What was the age difference between Hana and her sister Mariam?
8. How did Khaled look when Hana first saw him at home?
9. What were the marriage preparation requirements?
10. Why did Mom lie and say Hana knew how to cook?
11. How old was Hana at the time of the story?
12. Who taught Hana how to make Turkish coffee?
13. How did Khaled react when he learned Hana couldn't cook?
14. What were Hana's dreams about her marriage before Khaled proposed?
15. Why was Hana quiet all the time and didn't talk much?
16. How was the sitting room arranged in the house?
17. Who worked as a structural engineer?
18. Why did Mariam's husband and Mariam come on the engagement day?
19. How many times did Hana ruin the coffee before learning how to make it?
20. How was Hana thinking about raising her children in the future?

Answers to the Comprehension Questions

1. عشان فيه ضُيوف جايّين يِتْقدِّموا لِهناء.
2. مرّة واحْدة بسّ في فرح قريبْهُم.
3. كان شايِف إنُّه مفيش حاجة إسْمها حُبّ قبْل الجَواز.
4. اِتْحجِّبِت بِقرار مِن باباها و مامِتْها لمّا شافوا إنّ الوَقْت كان مُناسِب.
5. كانِت شغّالة مُترْجِمة في دار نشْر و كانِت شاطْرة في اللُّغات.
6. لإِنّ المطْبخ مكانْش على هَواها زيّ مرْيَم و مامِتْها.
7. خمس سِنين.
8. كان طَويل و شعْرُه بُنّي غامِق و عيْنُه بُنّي فاتِح و بشْرِتُه نحاسية و لابِس بدْلة سوْدا.
9. العريس عليْه الأجْهِزة الكهْربائية و النّجف و أوْضِةْ النّوْم، و العروسة عليْها الصّالة و أوْضة اللّيفينْج و الأوْضة التّانْيَة.
10. عشان مَيْكونْش عنْدُهُم حِجّة يِلْغوا الجَوازة.
11. خمْسة و عِشْرين سنة.
12. أُخْتها مرْيَم علِّمِتْها.
13. قال إنُّه مُمْكِن يِعلِّمْها هُوَّ.
14. كانِت بِتِحْلم إنّها تِخْتار اللي هتْجوِّزْه و تِحِبُّه.
15. عشان هِيَّ مكانِتْش عارْفة تِتْكلِّم في أيْه و خايْفة تِتْكلِّم مِن غيْر إذْن باباها.
16. الكنبة على الشِّمال و كُرْسِيّيْن جنْبُهُم لِلْعريس و هناء، و بقيةْ الكراسي على اليمين.
17. خالِد كان مُهنْدِس مِعْماري.
18. عشان ملْهُمْش إخْوات وِلاد، فا جوْز مرْيَم جِهْ يُقْعُد معَ باباها.
19. أكْتر مِن عشر مرّات.
20. كانِت عايْزة تْخلّي وِلادْها يِخْتاروا اللي هَيِتْجوِّزوهُم و ميكونش جَواز تقْليدي.

1. Because guests were coming to propose to Hana.
2. Only once at their relative's wedding.
3. He believed there was no such thing as love before marriage.
4. She started wearing it by her parents' decision when they saw the time was right.
5. She worked as a translator at a publishing house and was good with languages.
6. Because cooking wasn't her hobby like Mariam and her mother.
7. Five years.
8. He was tall with dark brown hair, light brown eyes, copper-colored skin, and wore a black suit.
9. The groom should provide electrical appliances, chandeliers, and the bedroom furniture, while the bride was responsible for the hall, living room, and the other room.
10. So they wouldn't have an excuse to cancel the marriage.
11. 25 years old.
12. Her sister Mariam taught her.
13. He said he could teach her.
14. She dreamed of choosing and loving who she would marry.
15. Because she didn't know what to talk about and was afraid to speak without her father's permission.
16. The sofa was on the left side with two chairs next to it for the groom and Hana, and the rest of the chairs were on the right.
17. Khaled was a structural engineer.
18. Because they had no brothers, so Mariam's husband came to sit with the father.
19. More than ten times.
20. She wanted to let her children choose who they would marry and not have a traditional marriage.

Summary

Read the scrambled summary of the story below. Write the correct number (1–10) in the blank next to each event to show the proper sequence.

___ ماما جهِّزِت البيْت لِلضُّيوف اللي كانوا جايّين.

___ مرْيَم علِّمِت هناء إزّاي تِعْمِل القهْوَة الترُّكي.

___ العيْلْتينْ اِتّفْقوا على الجِهاز و الطّلبات.

___ العريس خالِد جايّ يِتْقدِّم لِهناء و هِيَّ مشافِتوش غيرْ مرّة واحْدة.

___ العيْلة وِصْلِت و هناء قدِّمِت القهْوَة.

___ اِتّفْقوا إنُّهْم يِتْقابْلوا في الأجازات.

___ هناء قعدِت جنْب خالِد و هُوَّ حاوِل يِتْكلِّم معاها.

___ ماما كِدْبِت و قالِت إنّ هناء بِتِعْرف تُطْبُخ.

___ الضُّيوف مِشْيوا بعْد ما رتّبوا كُلّ حاجة خاصّة بِالْجَواز.

___ خالِد قال إنُّه مُمْكِن يِعلِّم هناء الطّبْخ.

Key to the Summary

1   Mom prepared the house for the coming guests.

3   Mariam taught Hana how to make Turkish coffee.

8   The two families agreed on the requirements and preparations.

2   Khaled came to propose to Hana whom she had only seen once before.

4   The family arrived and Hana served coffee.

9   They agreed to meet during holidays.

5   Hana sat next to Khaled and he tried to talk with her.

6   Mom lied and said Hana knew how to cook.

10 The guests left after arranging the marriage.

7   Khaled said he could teach Hana to cook.

Egyptian Arabic Reader

سِرّ النّجاح

The Secret of Success

by Mohamed Sobhy

Book 5

سِرّ النّجاح

الصُّبْح يوْم الجُمْعة، نِزِل عمّ مُحمّد صاحِب القهْوَة و راح على المسْجِد، و شاف طِفْل صُغيّر.

الطِّفْل قال: "عمّو عمّو، هُوَّ المسْجِد مِنيْن؟"

عمّ[1] مُحمّد ردّ: "بُصّ[2]، إنتَ هتمِشي لِحدّ آخِر الشّارِع ده، و تِدْخُل يمِين، و بعْدها بِشارْعيْن هتِدْخُل يمِين برْضُه و هتْلاقيه."

"شُكْراً يا عمّو!"

عمّ مُحمّد قال: "اِسْتنّى اِسْتنّى! أنا رايِح أصْلاً، تعالى معايا."

الطِّفْل ردّ: "شُكْراً يا عمّو، هُوَّ إنتَ بِترْوح كُلّ يوْم؟"

عمّ مُحمّد قال: "لأ، صلاةْ الجُمْعة يوْم واحِد في الأُسْبوع. مِش عيْب تِكون كِبير كِده و متِعْرفْش صلاةْ الجُمْعة كام مرّة في الأُسْبوع؟ وَلّا إنْتَ صُغيّر لِسّه بقى؟"

الطِّفْل ردّ: "لأ لأ لأ، أنا مِش صُغيّر. أنا عنْدي عشر سِنين كامْلين."

عمّ مُحمّد ضِحِك و قال: "طيِّب، يَلّا يَلّا بِسُرْعة بقى قبْل الصّلاة ما تْفوتْنا."

The Secret of Success

On Friday morning, Uncle Muhammad, the café owner, went out and headed to the mosque, and he saw a small boy.

The boy said, "Uncle, Uncle, where's the mosque?"

Uncle Muhammad replied, "Look, you'll walk to the end of this street, turn right, and after two more streets, turn right again and you'll find it."

"Thanks, Uncle!"

Uncle Muhammad said, "Wait, wait! I'm going anyway—come with me."

The boy replied, "Thanks, Uncle. Do you go every day?"

Uncle Muhammad said, "No, Friday Prayer is just once a week. Isn't it a shame to be this big and not know how many times Friday Prayer happens a week? Or are you still a little kid?"

The boy replied, "No, no, no, I'm not little. I'm already ten years old, exactly."

Uncle Muhammad laughed and said, "Alright, come on, quickly now before we miss the prayer."

---

[1] عمّو *uncle* is polite form of address to a male acquaintance a generation older, such as a friend's father.

[2] بُصّ lit. *Look!* does not have the same 'impatient' connotation as 'Look, …' does in English. It is basically a filler to precede an explanation.

راح عمّ مُحمّد و الطِّفْل لِلمسْجِد، و قعد الطِّفْل جنْب عمّ مُحمّد و صلّوا. و لمّا طِلْعوا معَ بعْض برّه المسْجِد عمّ مُحمّد سألُه: "أيْه بقى، عجبِتك الخُطْبة؟"

الطِّفْل ردّ: "ياه، دي المرّة المِلْيوْن اللي يِقول فيها نفْس الخُطْبة!"

"لأ اِبقْى ركِّز عشان بيِقْول كلام جِديد."

"المرّة الجايّة، المرّة الجايّة." الطِّفْل جري.

❖ ❖ ❖

عمّ مُحمّد قابِل إسْماعيل في الطّريق. إسْماعيل ده صاحِب عربيةْ فول في نفْس المنْطِقة، و هُمّا الاِتْنين بيِفْتحوا معَ بعْض كُلّ يوْم.

عمّ مُحمّد سألُه: "إزّيّك يا إسْماعيل؟ عامِل أيْه؟"

إسْماعيل ردّ: "الحمْدُ لِلّه يا عمّ مُحمّد كُلُّه تمام."

عمّ مُحمّد: "يَلّا بلاش تأْخير على شُغْلك."

"هبْدأ الشُّغْل أهُه، هطْلع البيْت الأوّل. خمس دقايِق بسّ."

طِلِع إسْماعيل بيْتُه اللي مَوْجود جنْب قهْوِةْ عمّ مُحمّد، بسّ اِتْأخّر و منْزِلْش.

Audio Track Timestamp: [1:24]

Uncle Muhammad and the boy went to the mosque, and the boy sat next to him and they prayed. When they came out together, Uncle Muhammad asked him, “So, did you like the sermon?”

The boy replied, “Wow, that’s like the millionth time he says the same sermon!”

“No, try to pay attention—he says new stuff.”

“Next time, next time.” The boy ran off.

❖ ❖ ❖

Uncle Muhammad ran into Ismail on the road. Ismail has a fava bean cart in the same neighborhood, and the two of them open up shop together every day.

Uncle Muhammad asked him, “How are you, Ismail? How’s it going?”

Ismail replied, “Thank God, Uncle Muhammad. Everything’s fine.”

Uncle Muhammad: “Come on, don’t be late for work.”

“I’m starting now, just heading up to the apartment first. Five minutes only.”

Ismail went up to his apartment, which was next to Uncle Muhammad’s café, but he was late and didn’t come back down.

النّاس اِتْجمّعِت حَوالينْ عربيةْ الفول و مِسْتنِّيين إسْماعيل يِنْزِل عشان ياكْلوا مِن عربيةْ الفول زيّ كُلّ يوْم.

لكِن إسْماعيل منْزِلْش خالِص.

واحِد مِن النّاس قال: "أيْه يا عمّ مُحمّد، ما تْنادي على عمّ إسْماعيل؟ النّاس عايْزة تاكُل."

عمّ مُحمّد قال: "اِهْدوا يا جماعة! مُمْكِن يِكون فيه مُشْكِلة. أكيد شُوَيّة و هيِنْزِل."

عدّى ساعة، و اِتْنينْ و تلاتة و النّاس مِشْيِت. و عمّ مُحمّد قِلِق على إسْماعيل.

عمّ مُحمّد نادى على البوّاب و قال: "اِطْلع و شوف إسْماعيل منْزِلْش ليْه كِده."

البوّاب طِلِع البيْت بِسُرْعة. و برْضُه منْزِلْش، وَلا إسْماعيل نِزِل.

عمّ مُحمّد بدأ يِقْلق و يِخاف و طِلِع بِسُرْعة لِبيْت إسْماعيل.

عمّ مُحمّد شاف البوّاب واقِف قُدّام الباب فا قالُه: "إنتَ منزِّلْتِش إسْماعيل ليْه؟"

[2:44]

People gathered around the fava bean cart waiting for Ismail to come down so they could eat from it like every day.

But Ismail didn't come down at all.

One of the people said, "Uncle Muhammad, why don't you call Uncle Ismail? People want to eat."

Uncle Muhammad said, "Calm down, folks! Maybe there's a problem. He'll definitely come down soon."

An hour passed, then two and three, and the people left. Uncle Muhammad started to worry about Ismail.

Uncle Muhammad called the building doorman and said, "Go up and check why Ismail hasn't come down."

The doorman went up quickly. Still, no one came down, and neither did Ismail.

Uncle Muhammad began to worry and rushed up to Ismail's apartment.

Uncle Muhammad saw the doorman standing in front of the door, so he said, "Why didn't you bring Ismail down?"

البوّاب ردّ: "واللّهِ يا عمّ مُحمّد، فِضِلْت أخبّط على الباب و محدِّش طِلِعْلي خالِص."

"لأ ده كِده يِبْقى أكيد فيه مُشْكِلة."

عمّ مُحمّد و البوّاب خبّطوا على الباب جامِد.

عمّ مُحمّد نادى: "فيه حدّ هِنا؟!"

إسْماعيل فتح الباب.

عمّ مُحمّد قال: "أيْه يا إسْماعيل، خضّيْتْنا عليْك. بقالك كِتير منْزِلْتِش و النّاس مِشْيِت."

إسْماعيل ردّ: "معْلِشّ يا عمّ مُحمّد بقى. طارِق إبْني منْزِلْش يِصلّى، و قاعِد زعْلان مِن إمْبارِح."

"ياه، المَوْضوع كِبير بقى وَلّا أيْه[1]؟"

"اِدْخُل و كلِّمُه كِده. مُمْكِن تِتْفاهِم معاه."

دخل عمّ مُحمّد لِطارِق و سألُه: "مالك يابْني؟ فيه أيْه؟ أيْه اللي مِزعّلك بسّ؟"

و طارِق فِضِل مبيْرُدِّش.

[4:00]

The doorman replied, "I swear, Uncle Muhammad, I kept knocking on the door and no one answered me at all."

"No, then something's definitely wrong."

Uncle Muhammad and the doorman knocked hard on the door.

Uncle Muhammad called out, "Is anyone here?!"

Ismail opened the door.

Uncle Muhammad said, "What's going on, Ismail? You scared us. You've been up here a long time and the people left."

Ismail replied, "Sorry, Uncle Muhammad. Tariq, my son, didn't go down to pray, and he's been upset since yesterday."

"Wow, is it something serious or what?"

"Come in and talk to him. Maybe you can reach him."

Uncle Muhammad went in to Tariq and asked him, "What's wrong, son? What is it? What's upsetting you?"

And Tariq kept silent, not responding.

---

[1] وَلّا أيْه؟ commonly comes at the end of a yes/no question and does not carry the same 'impatient' connotation as '... or what?' does in English.

عمّ مُحمّد قال: قوليّ عشان أعْرف أساعْدك. مالك أيْه اللي مزِعّلك؟

طارِق أخيراً ردّ: "بُصّ يا عمّ مُحمّد، بِصراحة كِده بقى، إحْنا معْرِفْناش نِرْفع راسْكو."

"تِرْفعوا راسْنا في أيْه يا طارِق؟"

"كُلّ ماتْش نِلْعبُه نِخْسر، و وَلا مرّة بِنِتْعادِل حتّى."

"و مالُه؟ اللِّعْب مكْسب و خِسارة."

"لأ يا عمّ مُحمّد، المَوْضوع كِبير، مِش صُغيرّ زيّ ما إنْتَ فاكِر."

عمّ مُحمّد قال: "يِبْقى إنتَ و صُحابك لازِم تِتْمرّنوا أكْتر، و تِروحوا الچيم اللي جنْب الإسْتاد."

"فِعْلاً، فِرْقِتْنا ضعيفة أوي، معَ إنِّنا كِتير و فِرْقة كِبيرة في العدد."

عمّ مُحمّد قال: "العدد مِش كُلّ حاجة. لازِم تِكونوا جامْدين في الملْعب... و متِفْضلْش زعْلان كِده كِتير."

"حاضِر يا عمّو." طارِق راح لأِبوه و قال: "آسِف يا بابا."

إسْماعيل طبْطب عليْه و قالُّه: "وَلا يِهِمّك يابْني. المُهِمّ دِلْوَقْتي تِقول لِصْحابك على إنُّكو تِروحوا الچيم ده، زيّ ما عمّ مُحمّد قالّك.

[5:10]

Uncle Muhammad said, "Tell me so I can help you. What's got you upset?"

Tariq finally replied, "Look, Uncle Muhammad, to be honest, we haven't been able to make you proud."

"Make us proud about what, Tariq?"

"Every match we play, we lose—and not even once have we drawn."

"So what? Winning and losing are part of the game."

"No, Uncle Muhammad, it's a big deal. It's not a small thing like you think."

Uncle Muhammad said, "Then you and your friends need to train more and go to the gym next to the stadium."

"True, our team is really weak, even though we're many and a big team in terms of numbers."

Uncle Muhammad said, "Numbers aren't everything. You have to be strong on the field... and don't stay upset like this for too long."

"Okay, Uncle." Tariq went to his father and said, "Sorry, Dad."

Ismail patted him on the back and said, "Don't worry, son. What matters now is that you tell your friends you're all going to that gym, like Uncle Muhammad said."

"خلاص يا إسْماعيل، سيب الوَلد بِراحْتُه. هُوَّ كِبير و فاهِم." عمّ مُحمّد قال.

نزِل عمّ مُحمّد و إسْماعيل لِلقهْوَة.

إسْماعيل قال: "أيْه رأْيَك ما تيجي كِده نِروح الأرْض و نِتْمشّى شْوَيّة؟"

عمّ مُحمّد ردّ: "ماشي يَلّا، و قوليّ صحيح، إنْتَ زارِع أيْه السّنة دي؟"

"على حسب السّوق عايِز أيْه، بسّ غالِباً فول عشان العربية بِتاعْتي."

"فِعْلاً يا إسْماعيل، عربيةْ الفول بِتاعْتك ليها طعْم مُخْتلِف، اللّه يِنوّر."

"تِسْلم يا عمّ مُحمّد."

❖ ❖ ❖

بدأوا يِتْمشّوا في الشّارِع الواسِع، و العِيال الصُّغيّرة بِيِجْروا وَرا بعْض.

عمّ مُحمّد قال: "إنتَ عارِف يا إسْماعيل... إبني لَوْ كان هِنا كان هَيِتْبِسِط أوي دِلْوَقْتي."

إسْماعيل ردّ: "ليْه بقى؟"

"إنتَ مِش شايِف منْظر السّما وَلّا أيْه؟ و بعْديْن إبْني بِيْحِبّ التّصْوير و يِحِبّ يِصوّر السّما و الشّمْس و كِده."

[6:36]

"Alright, Ismail, leave the boy be. He's grown and understands." Uncle Muhammad said.

Uncle Muhammad and Ismail went down to the café.

Ismail said, "What do you say we go to the field and take a little walk?"

Uncle Muhammad replied, "Sure, let's go. And tell me honestly— what are you planting this year?"

"Depends on what the market wants, but probably fava beans for my cart."

"Honestly, Ismail, your fava bean cart has a different flavor—bless your hands."

"Thanks, Uncle Muhammad."

They started walking down the wide street, and the little kids were running after each other.

Uncle Muhammad said, "You know, Ismail... if my son were here, he'd be so happy right now."

Ismail replied, "Why's that?"

"Don't you see how the sky looks? And besides, my son loves photography—he loves taking pictures of the sky and the sun and that stuff."

"أَيْوَه، بِصراحة الغُروب بِيِبْقى حِلْو أوي هِنا. اللّون الأخْضر مِن الشّجر و لوْن السّما الزّرْقا مُريح لِلعيْن."

عمّ مُحمّد قال: "بِالذّات لمّا يِكون الجوّ هادي بقى."

الوَلد الصُّغيرّ اللي كان بِيْصلّي معَ عمّ مُحمّد جِهْ و فِضِل يِخبّط على ضهْر عمّ مُحمّد، و قال: "عمو عمّو!"

عمّ مُحمّد قال: "أهلاً!"

"فاكِرْني؟" الوَلد سأل.

"طبْعاً، فاكْرك."

إسْماعيل قال: "هُوَّ مين ده يا عمّ مُحمّد؟"

عمّ مُحمّد: "ده وَلد جميل كِده كان بِيْصلّي معانا."

الوَلد الصُّغيرّ سأل: "هُوَّ ليْه الشّمْس إمْبارِح كان لوْنْها بُرْتُقاني و النّهارْده لوْنْها أصْفر؟ و الصُّبْح كمان كان لوْنْها أبْيَض... ليْه بقى؟"

عمّ مُحمّد ردّ و قال: "اللّوْن البرْتُقاني و اللّوْن الأصْفر بِيْكونوا مَوْجودين وَقْت الشُّروق و الغُروب. إنمّا الأبْيَض ده في نُصّ اليوْم، الضُّهْر يَعْني."

الوَلد قال: "آه! فِهِمْت فِهِمْت... عشان منزْهقْش مِن لوْن واحِد يَعْني."

[7:55]

"Yeah, honestly the sunset here is really beautiful. The green from the trees and the blue sky are soothing to the eyes."

Uncle Muhammad said, "Especially when the weather's calm like this."

The little boy who prayed with Uncle Muhammad came up and started tapping him on the back, saying, "Uncle! Uncle!"

Uncle Muhammad said, "Hello!"

"Remember me?" the boy asked.

"Of course, I remember you."

Ismail said, "Who's this, Uncle Muhammad?"

Uncle Muhammad: "This is a sweet boy who was praying with us."

The little boy asked, "Why was the sun orange yesterday, yellow today, and white in the morning... why is that?"

Uncle Muhammad replied, "The orange and yellow colors happen at sunrise and sunset. But the white color appears during midday—around noon."

The boy said, "Oh! I get it, I get it... so we don't get bored of just one color!"

عمّ مُحمّد و إسْماعيل ضِحْكوا معَ الوَلد.

❖ ❖ ❖

طارِق مِجمّع أصْحابُه و قالُّهُم: "بُصّوا بقى... إحْنا لازِم نِكْسِب الماتْش الجايّ مهْما حصل."

واحِد مِن الفريق قالُّه: "ما إحْنا كُلّ مرّة بِنْقول كِده. أيْه اللي هَيِتْغيرّ يَعْني؟ و برْضُه هنِخْسر تاني."

طارِق قال: "خليك شُجاع بقى! إحْنا هنِتْمرّن و هنرْوح الچيم، و نِكون أقْويا و نِفوز!"

واحِد تاني مِن الفريق قال: بِصراحة كِده، أنا خايِف نِلاعِبْهُم تاني، كُلّ واحِد فيهُم طَويل و عريض و كِبير، و حاسِس إنِّنا ضُعاف.

طارِق ردّ: "إحْنا كمان فينا ناس كُبار على فِكْرة، و اللي بِيِتْمرّن أكْتر هُوَّ اللي هَيِكْسب، و إحْنا اللي هنِكْسب، اِتّفقْنا؟"

أصْحاب طارِق قالواكُلُّهُم: "اِتّفقْنا!"

طارِق راح معَ صُحابُه لِلچيم، و فِضْلوا يِتْمرّنوا كُلُّهُم كُلّ يوْم لِحدّ ما جِهْ معاد الماتْش.

[9:25]

Uncle Muhammad and Ismail laughed with the boy.

Tariq gathered his friends and told them, "Look... we have to win the next match no matter what."

One of the team said, "We say that every time. What's going to change? We'll still lose again."

Tariq said, "Come on, be brave! We'll train, go to the gym, get stronger, and we'll win!"

Another teammate said, "To be honest, I'm scared to play them again. Every one of them is tall, broad, and big, and I feel like we're weak."

Tariq replied, "We've got big guys too, by the way. And whoever trains harder is the one who'll win. We'll be the ones to win. Deal?"

All of Tariq's friends said, "Deal!"

Tariq went with his friends to the gym, and they kept training every day until the match day arrived.

"يَلّا النّهارْده المكْسب لينا! يَلّا يَلّا بِسُرْعة عشان منِتْأخّرْش!"

الطِّفْل الصُّغيرّ جِري عليْهُم و قالُّهُم: "مُمْكِن آجي معاكو؟"

طارِق قال: "لأ مِش مُمْكِن."

"بسّ أنا بلْعب كُوَيِّس واللّهِ!"

"يابْني إنتَ صُغيرّ. اِمْشي بقى. هتِتْخِبِط."

الطِّفْل قال: "طيِّب بُصّ، هاجي و أتْفرّج بسّ. مِش هعْمِل صوْت."

طارِق قال: "طيِّب يَلّا!"

❖ ❖ ❖

مِشي الفريق في طريق الملْعب و الطِّفْل الصُّغيرّ مِشي معاهُم.

الطِّفْل الصُّغيرّ قال: "هُوَّ ليْه كُلُّكو لابْسين تيشيرْتات لونها بُرْتُقاني؟"

طارِق ردّ: "عشان نِعْرف بعْض و إحْنا بِنِلْعب. إحْنا بُرْتُقاني و التّانْيين هَيِلْبسوا لوْن أزْرق."

الطِّفْل قال: "إنتَ عارِف إنّ لوْن البُرْتُقاني ده نفْس لوْن الشّمْس؟"

"ماشي... بسّ اِسْكُت دِلْوَقْتي عشان نِركِّز قبْل الماتْش."

[10:44]

"Come on, today the win is ours! Let's go, let's go—quickly before we're late!"

The little boy ran up to them and said, "Can I come with you?"

Tariq said, "No, that's not possible."

"But I play really well, I swear!"

"Kid, you're too little. Go on now—you'll get hurt."

The boy said, "Alright, look—I'll just come and watch. I won't make a sound."

Tariq said, "Fine, come on then!"

The team walked toward the field, and the little boy walked with them.

The little boy said, "Why are you all wearing orange T-shirts?"

Tariq replied, "So we can recognize each other while we're playing. We're the orange team, and the others will wear blue."

The boy said, "You know orange is the same color as the sun?"

"Okay... but quiet now so we can focus before the match."

و فِضْلوا ماشْيين و ماشْيين... لِحدّ ما الطِّفْل قال: "ياه الطّريق طَويل أوي كِده ليْه؟"

طارِق ردّ: "قرّبْنا نِوْصل خلاص. الملْعب عنْد الشّجرة الكِبيرة اللي هِناك دي."

الطِّفْل قال: "ياه، ده الملْعب طِلِع واسِع أوي!"

طارِق قالُّه: "بُصّ اُقْعُد هِنا و متِتْحرّكْش و اِتْفرّج بسّ."

"حاضِر."

بدأ الماتْش بيْن الفِرْقِتيْن، و كان فريق طارِق بِيِلْعب كُوَيِّس، بسّ الفريق التّاني كان أقْوى. و خِسِر فريق طارِق.

طارِق قال: "مِش مُمْكِن! إزّاي ده حصل؟"

صاحِب طارِق قالُّه: "قُلْتِلك. صعْب نِغْلِبْهُم.

❖ ❖ ❖

مِشي طارِق معَ صُحابه و هُوَّ مِتضايِق. و الطِّفْل فِضِل يِبُصّ عليْهُم و هُمّا ماشْيين. و الفريق التّاني قاعِد يِضْحك و يُرْقُص. راح الطِّفْل الصُّغيرّ ده و مِشي وَراهُم لِحدّ ما وِقْفوا عنْد محلّ عصير قصب.

[12:00]

They kept walking and walking… until the boy said, "Wow, why is the road so long?"

Tariq replied, "We're almost there. The field is by that big tree over there."

The boy said, "Wow, the field is really huge!"

Tariq told him, "Look, sit here, don't move, and just watch."

"Okay."

The match began between the two teams. Tariq's team played well, but the other team was stronger. Tariq's team lost.

Tariq said, "No way! How did this happen?"

Tariq's friend told him, "I told you. It's hard to beat them."

Tariq walked with his friends, upset. The little boy kept watching them as they walked, while the other team was laughing and dancing. The little boy followed them until they stopped at a sugarcane juice shop.

لاعِب مِن الفريق التّاني قال: "الحمْدُ لِلّه لوْلا عصير القصب ده كان زمانّنا بِنِخْسر كُلّ مرّة.

لاعِب تاني قال: "عصير القصب ده أكْتر حاجة بحِبّ أشْربْها."

صاحِب محلّ عصير القصب قال: "أيّ خِدْمة يا شباب! و مبْروك المكْسب!"

الفريق كُلُّه فِضِل يِضْحك. و الطِّفْل جِري بِسُرْعة عشان يِعرّف طارِق بِاللّي شافُه.

قام راجِل كِبير مُوَقّفُه. الرّاجِل الكِبير قال: "إنتَ رايِح فيْن؟"

الطِّفْل ردّ: "أنا ساكِن في النّاحْيَة التّانْيَة يا عمّو عنْد العِمارة الطَّويلة دي."

الرّاجِل الكِبير: "و فيْن أبوك؟"

"بابا ساكِن هِناك في شقّة في العِمارة دي."

الرّاجِل الكِبير مصدّقْش الوَلد و راح واخْدُه لِمحلّ عصير القصب.

الرّاجِل الكِبير قال: "حدّ يِعْرف إبْن مين ده؟"

صاحِب محلّ عصير القصب ردّ: "لأ، أوِّل مرّة أشوفُه."

طيِّب سيبُه هِنا لِحدّ ما أسْأل المِعلِّم[1] في القهْوَة عليْه.

[13:18]

A player from the other team said, “Thank God—if it weren’t for this sugarcane juice, we’d be losing every time.”

Another player said, “Sugarcane juice is my favorite thing to drink.”

The owner of the juice shop said, “Anytime, guys! And congrats on the win!”

The whole team kept laughing. The little boy ran quickly to go tell Tariq what he saw.

An older man stopped him. The man said, “Where are you going?”

The boy replied, “I live on the other side, Uncle, by that tall building.”

The older man said, “And where’s your father?”

“My dad lives there in an apartment in that building.”

The older man didn’t believe the boy and took him to the sugarcane juice shop.

The older man said, “Does anyone know whose son this is?”

The juice shop owner replied, “Nope, first time I’ve seen him.”

“Alright, leave him here until I ask the boss at the café about him.”

---

[1] مِعلّم is a traditional title for a small business owner; not to be mistaken with مُعلّم teacher.

راح الرّاجِل الكِبير و ساب الطِّفْل في محلّ عصير القصب، فِضِل الطِّفْل يِبُصّ في المحلّ و لقى جنْبُه كوبّايَة فيها عصير، و شِرِبْهُم.

صاحِب محلّ عصير القصب زعّق و قال: "إنتَ شرِبْت أيْه؟ مقُلْتلِيش الأوِّل ليْه؟ اِمْشي مِن هِنا، اِمْشي!"

طِلِع الطِّفْل يِجْري مِن المحلّ. و الرّاجِل الكِبير شافُه و هُوَّ بيِجْري.

الرّاجِل الكِبير راح لِصاحِب محلّ العصير بِسُرْعة و قالُّه: "إنْتَ سِبْتُه ليْه يِهْرب!"

صاحِب محلّ عصير القصب ردّ: "هُوَّ جِري لِوَحْدُه."

راح شُوَيّة مِن النّاس يِجْروا وَرا الطِّفْل ده لكِن الطِّفْل كان أسْرع و وَصل بيْتُه قبْلُهُم.

❖ ❖ ❖

أوِّل ما فتح باب العِمارة شاف طارِق و كان تعْبان جِدّاً.

طارِق سألُه: "مالك بتِنْهج كِده ليْه؟"

الطِّفْل ردّ: "أنا تعْبان أوي."

"قوليّ بسّ... أيْه اللي حصل؟"

[14:42]

The older man left and the boy stayed in the sugarcane juice shop. He looked around and saw a glass of juice next to him, so he drank it.

The juice shop owner shouted and said, "What did you drink? Why didn't you ask first? Get out of here, go!"

The boy ran out of the shop, and the older man saw him running.

The older man rushed to the juice shop owner and said, "Why did you let him escape?!"

The juice shop owner replied, "He ran off on his own."

Some people started running after the boy, but he was faster and got home before they could catch him.

As soon as he opened the building door, he saw Tariq, who looked very tired.

Tariq asked him, "Why are you panting like that?"

The boy replied, "I'm really tired."

"Just tell me... what happened?"

الطِّفْل قال: "أنا عِرِفْت ليْه الفريق التّاني كِسْبوكُم." و بعْديْن أُغْمى عليْه.

طارِق زعّق: "فوق! مالك؟ أيْه اللي حصل؟"

طارِق ندهْ على أبوه. و راح إسْماعيل و عمّ مُحمّد لِلطِّفْل ده و رشوا مايّة على وِشُّه.

و لمّا الطِّفْل فاق مِن الغَيْبوبة[1]، عمّ مُحمّد قالُّه: "مالك يابْني؟ أيْه اللي حصل؟"

الطِّفْل ردّ: "جِرْيوا وَرايا بسّ هِرِبْت مِنْهُم."

"شاطِر! بسّ أيْه اللي حصل؟"

"بعْد ما خِسِرْتوا الماتْش رُحْت وَراهُم لِحدّ ما سِمِعْتُهْم بِيِتْكلِّموا عن عصير القصب و إنّ هُوَّ السّبب في إنُّهْم بِيِكْسبوا. و هُوَّ عصير لوْنُه أصْفر كِده."

طارِق قال: "أَيْوَه أَيْوَه عارْفُه، الأصْفر ده. بسّ إنتَ مُتأكِّد إنّك سِمِعْتُهْم بِيْقولوا كِده؟"

الطِّفْل ردّ: "أَيْوَه و على فِكْرة لمّا أنا شرِبْت العصير حسّيْت إنيّ أسْرع و إنيّ أقْدر أهْرب مِنْهُم."

[15:59]

The boy said, “I found out why the other team beat you.” And then he fainted.

Tariq shouted, “Wake up! What’s wrong? What happened?”

Tariq called his dad. Ismail and Uncle Muhammad rushed to the boy and splashed water on his face.

When the boy regained consciousness, Uncle Muhammad asked him, “What’s wrong, son? What happened?”

The boy replied, “They were chasing me, but I got away from them.”

“Good job! But what happened?”

“After you lost the match, I followed them and heard them talking about sugarcane juice and how it’s the reason they always win. It’s yellow-colored juice.”

Tariq said, “Yeah, yeah, I know it—the yellow one. But are you sure you heard them say that?”

The boy replied, “Yes, and by the way, when I drank the juice, I felt faster and like I could outrun them.”

---

[1] فاق مِن الغَيْبوبة *lit. awoke from unconsciousness*

طارِق قال: "أنا لازِم أروح أعرّف صُحابي بِسُرْعة."

❖ ❖ ❖

جِري طارِق و هُوَّ فرْحان و قال لِصْحابُه.

واحِد مِن صُحابه قال: "بسّ إحْنا معنْدِناش أيّ حدّ بِيْبيع عصير قصب هِنا."

طارِق ردّ: "مِش مُشْكِلة! هنِزْرع القصب في أيّ أرْض، بسّ المُشْكِلة إنّ أرْض أبويا صُغيّرة."

واحِد تاني مِن الفريق قال: "أبويا، هُوَّ عنْدُه أرْض واسْعة و هنْلاقي مكان نِزْرع فيها."

"خلاص اِتّفقْنا!"

تاني يوْم راح الفريق لِلأرْض اللي هَيِزْرعوا فيها، و زرعوها كُلّها قصب، و فِضْلوا يِشْتغلوا كُلُّهُم في الأرْض.

❖ ❖ ❖

و عدِّت الأيّام و القصب بدأ يِكْبر و يِكْبر.

طارِق في مرّة قال: "أخيراً هنْفوز عليْهُم!"

[17:18]

Tariq said, "I have to go tell my friends right away."

Tariq ran excitedly and told his friends.

One of his friends said, "But we don't have anyone here who sells sugarcane juice."

Tariq replied, "No problem! We'll plant sugarcane anywhere, but the problem is my dad's land is small."

Another teammate said, "My dad has a big plot of land—we'll find a place to plant it."

"Alright, it's a deal!"

The next day, the team went to the land where they were going to plant, and they planted it all with sugarcane, and they all kept working in the field.

Days passed and the sugarcane started growing and growing.

One day, Tariq said, "Finally, we're going to beat them!"

واحِد مِن الفريق ردّ: "لَوْ هُوَّ ده السِّرّ... خلاص السِّرّ بقى معْروف!"

واحِد مِن أصْحاب طارِق نادى بِصوْت عالي: "اِلْحقوا اِلْحقوا! فيه قصب مِتْكسّر و مسْروق! القصب الأوِّل كان طَويل، دِلْوَقْتي بقى قُصيرّ!"

الفريق كُلُّه جِري ناحْيِةْ صاحِبْهُم و شافوا القصب المِتْكسّر.

طارِق قال: "أكيد هُمّا السّبب... أكيد عِرْفوا إنِّنا عِرِفْنا السِّرّ و عشان كِده جُم يِسْرقوه. أنا اتْأكِّدْت دِلْوَقْتي إنّ السِّرّ في القصب فِعْلاً."

صاحِب طارِق ردّ: "و بعْديْن؟ هنِفْضل ساكْتين لِحدّ ما يِبوّظوا كُلّ القصب بِتاعْنا؟"

"بُصّ، أنا هكلِّم البوّاب و أقولُّه ييجي يُحْرُس الأرْض لِحدّ ما القصب يِكْبر و ناخْدُه."

صاحِب طارِق قال: "فِكْرة حِلْوَة!"

❖ ❖ ❖

روح طارِق البيْت و هُوَّ تعْبان و عطْشان.

مامِة طارِق قالِت: "اِغْسل إيدك يَلّا يا طارِق عشان طابْخة النّهارْده لحْمة هتِعْجِبْكو أوي."

[18:20]

One of the team replied, “If that’s really the secret... well, now the secret’s out!”

One of Tariq’s friends shouted loudly, “Guys! Come quick! Some of the sugarcane is broken and stolen! It used to be tall—now it’s short!”

The whole team ran toward their friend and saw the damaged sugarcane.

Tariq said, “It must be them... they must’ve found out that we discovered the secret, and that’s why they came to steal it. Now I’m sure the secret really is in the sugarcane.”

Tariq’s friend replied, “So what now? We’re just going to stay quiet until they ruin all our sugarcane?”

“Look, I’ll talk to the doorman and ask him to guard the land until the sugarcane grows and we can harvest it.”

Tariq’s friend said, “That’s a great idea!”

❖ ❖ ❖

Tariq went home, tired and thirsty.

Tariq’s mom said, “Go wash your hands, Tariq, I cooked meat today—you’re going to love it.”

طارِق قال: "أَيْوَه، عايِز أيّ فِراخ أَوْ لحْمة عشان الماتْش كمان يوْميْن و لازِم لأكون قَوي."

❖ ❖ ❖

بعْدها بِكام يوْم، راح طارِق و صُحابُه عشان يِجمّعوا القصب.

صاحِب طارِق قال لطارِق: "بِصراحة لوْلا البوّاب كان زمان القصب كُلُّه اتّاخِد."

طارِق راح للبوّاب و قالُّه: "شُكْراً يا عمّو! و لازِم نِعْزِمك على عصير قصب عشان تِعِبْت معانا."

البوّاب ردّ: "وَلا تعْب وَلا حاجة!"

بدأ صُحاب طارِق يِعْمِلوا عصير القصب، و شِرْبوه لِحدّ ما خلّصوه. و راحوا الماتْش.

طارِق قال لِصحابُه: "المرّة دي[1] مفيش عُذْر. لازِم نِكْسب يَعْني لازِم نِكْسب."

لِعِب فريق طارِق الماتْش، و كانوا بِيِلْعبوا حِلْو، بسّ فريق طارِق اِتْعادِل.

و لمّا طِلْعوا مِن الملْعب، طارِق قال: "كان نِفْسي نِكْسب أوي. نِعْمِل أيْه تاني بسّ؟ إحْنا عِمِلْنا كُلّ حاجة."

[19:42]

Tariq said, "Yeah, I want some chicken or meat because the match is in two days and I have to be strong."

A few days later, Tariq and his friends went to harvest the sugarcane.

Tariq's friend said to him, "Honestly, if it weren't for the doorman, all the sugarcane would've been taken."

Tariq went to the doorman and said, "Thank you, Uncle! We've got to treat you to some sugarcane juice—you really helped us out."

The doorman replied, "It was nothing!"

Tariq's friends started making sugarcane juice and drank it all up. Then they headed to the match.

Tariq said to his friends, "This time, no excuses. We HAVE to win—no matter what."

Tariq's team played the match, and they played well, but the game ended in a draw.

When they left the field, Tariq said, "I really wanted us to win. What else can we do? We did everything."

---

[1] المرّة دي is pronounced as if it were المرّادي *ilmarrādi*, with a long vowel.

صاحِب طارِق ردّ عليْه: "على الأقلّ مخْسِرْناش زيّ كُلّ مرّة. متبْقاش زعْلان أوي كِده. و خلّيك مبْسوط."

واحِد تاني مِن الفريق قال: "و بعْديْن ده كُويِّس إنِّنا اتْعادِلْنا. دوْل بيِعْمِلوا القصب مِن زمان، و دي أوِّل مرّة لينا، طبيعي يِكونوا أحْسن منِّنا."

طارِق قال: "يَعْني نِسْتسْلِم؟ يَعْني منْحاوِلْش نِفوز؟"

صاحِب طارِق قال: "اِهْدي بسّ و متبْقاش زعْلان أوي كِده. الدُّنْيا يوْم أبْيَض و يوْم إسْوِد."

"بسّ الفريق بِتاعْنا أيّامُه كُلّها لوْنْها إسْوِد بسّ."

❖ ❖ ❖

راح الفريق لِقهْوِةْ عمّ مُحمّد.

عمّ مُحمّد سألهُم: "ها، عملْتوا أيْه؟"

"اِتْعادِلْنا."

عمّ مُحمّد قال: "ماشي مبْروك! زعْلانين ليْه؟"

[21:02]

Tariq's friend replied, "At least we didn't lose like every other time. Don't be so upset. Be happy."

Another teammate said, "And hey, it's actually great that we tied. They've been making sugarcane juice for a long time, and this was our first try—it makes sense they're better than us."

Tariq said, "So we give up? So we don't even try to win?"

Tariq's friend said, "Calm down and don't be so upset. Life's full of ups and downs."

"Yeah, but for our team, it's been all downs lately."

The team went to Uncle Muhammad's café.

Uncle Muhammad asked them, "So, how did it go?"

"It was a draw."

Uncle Muhammad said, "Alright, congratulations! Why the long faces?"

طارِق ردّ: "كان نِفْسِنا نِكْسب بسّ... بسّ هُمّا بِيِعْمِلوا القصب مِن زمان و دي أوِّل مرّة لينا."

"يَعْني المُشْكِلة في إنُّهُم بِيِعْمِلوها مِن زمان و إنْتو لِسّه بادْئين؟"

صاحِب طارِق ردّ: "أَيْوَه يا عمّو، إحْنا بِنِتْمرّن أكْتر مِنْهُم و نِسْتاهِل نِكْسب."

عمّ مُحمّد قال: "طيِّب أيْه رأْيُكو أعْمِلُّكو قهْوَة؟ بِتِدّي طاقة، و في نفْس الوَقْت أنا بعْمِلْها مِن ٣٠ سنه، يَعْني مِن زمان أوي."

طارِق بصّ لِصْحابُه كِده و اِبْتسم.

طارِق قال: "دي فِكْرة حِلْوة أوي يا عمّو!"

عمّ مُحمّد: "خلاص، قبْل ما تِروحوا الماتْش الجايّ تِعدّوا عليّا عشان أدّيكو القهْوَة."

طارِق قال: "شُكْراً أوي أوي يا عمّو!"

عمّ مُحمّد سابْهُم و هُوَّ بيِضْحك و دخل القهْوَة.

عمّ مُحمّد راح لإِسْماعيل و قالُّه: "عاجْبك كِده يا إسْماعيل؟ إبْنك بقى مجْنون بِالكوْرة."

[22:08]

Tariq replied, "We really wanted to win... but they've been making sugarcane juice for ages, and this was our first time."

"So the problem is that they've been doing it longer, and you just started?"

Tariq's friend replied, "Yeah, Uncle. We've been training harder than them—we deserve to win."

Uncle Muhammad said, "Alright, how about I make you all some coffee? It gives you energy—and I've been making it for 30 years, so yeah, I've been doing it a long time too."

Tariq looked at his friends and smiled.

Tariq said, "That's a really great idea, Uncle!"

Uncle Muhammad: "Alright then, before your next match, stop by and I'll give you the coffee."

Tariq said, "Thanks a lot, Uncle!"

Uncle Muhammad left them, laughing, and went back into the café.

Uncle Muhammad went to Ismail and said, "You happy now, Ismail? Your son's gone football crazy."

إسْماعيل ردّ: "أه واللّهِ، بِيْحِبّها زيّ عيْنيْه."

و كمِّل كلامُه و قال: "بُصّ بُص كِده يا عمّ مُحمّد اللي في الجُرْنان ده!"

"قولّي إنْتَ، قريْت أيْه؟"

"فيه بُرْج كِبير أوي هَيِتْبنّي و هَيْكون أطْوَل بُرْج في مصْر."

"أَيْوَه كِده قول أخْبار حِلْوَة تِخلّينا مبْسوطين."

"أه واللّهِ يا عمّ مُحمّد، أنا مبْسوط مِن أوِّل ما قريْت الخبر. البلد بقِت حِلْوَة خلاص."

❖ ❖ ❖

راح طارِق و صُحابه اليوْم اللي بعْدُه و شِرْبوا عصير القصب و القهْوَة، و راحوا على الماتْش.

صاحِب طارِق قال: "أنا حاسِس إنيّ قَوي أوي."

طارِق ردّ: "أَيْوَه كِده! ده اللي إحْنا عايْزينُه."

بدأ الماتْش، و كان فريق طارِق قَوي و أحْسن مِن الفريق التّاني. في نُصّ الماتْش طارِق خبط واحِد و وَقّعُه مِن غيرْ قصْد. الحكْم طلّع كارْت أحْمر و قال: "اِطْلع برّه يا طارِق!"

[23:24]

Ismail replied, "Yeah, honestly, he loves it like his own eyes."

Then he continued, "Look, look at this in the newspaper, Uncle Muhammad!"

"Tell me—what did you read?"

"There's going to be a huge tower built, and it'll be the tallest tower in Egypt."

"Now that's the kind of good news that makes us happy!"

"Absolutely, Uncle Muhammad. I've been happy ever since I read it. The country's really becoming something great."

The next day, Tariq and his friends drank sugarcane juice and coffee, then went to the match.

Tariq's friend said, "I feel super strong!"

Tariq replied, "Yes! That's what we're aiming for!"

The match began, and Tariq's team was strong and better than the other team. Midway through the match, Tariq accidentally knocked someone down. The referee pulled out a red card and said, "You're out, Tariq!"

طارِق قال و هُوَّ مِسْتغْرب: "إزّاي؟ مكانْش قصْدي... أنا حتّى مخدْتِش كارْت أصْفر الأوِّل!"

الحكْم قال: "لأ، إنتَ دخلْت عليْه جامِد، اِطْلع برّه!"

طارِق طِلع مِن الملْعب: "واللّهِ ده ظُلْم!

طارِق قعد يِشجّع فريقْه و يِنادي عليْهُم و جابوا جوْن و بقى فريق طارِق الكسْبان. و أوِّل ما جابوا الجوْن طارِق قال بِصوْت عالي: "جوووْن! أنا مبْسوط أوي! اِوْعوا تِخْسروا الماتْش ده! إنْتو أقْوى!"

خِلِص الماتْش و كِسِب فريق طارِق. و قعدوا يِحْتِفْلوا و يُرْقُصوا و يِغنّوا.

❖ ❖ ❖

الطِّفْل الصُّغيرّ راح القهْوَة بِسُرْعة. الطِّفْل فِضِل يِتْنطّط و هُوَّ بِيْقول: "كِسِبْنا! كِسِبْنا! هييه!"

جِهْ بعْدها طارِق و صُحابْه و قعدوا كُلُّهُم في القهْوَة.

عمّ مُحمّد قال: "طالما كِسِبْتوا كِده، أنا عازِمْكو كُلُّكو على قهْوَة بقى عشان إنْتو خلّيْتوني مبْسوط و فرْحان بيكو."

طارِق ردّ: "أخيراً! أنا واللّهِ مبْسوط أوي يا عمّ مُحمّد."

[24:39]

Tariq said, surprised, "What? It wasn't on purpose... I didn't even get a yellow card first!"

The referee said, "Nope, you went in too hard—off you go!"

Tariq left the field: "This is so unfair!"

Tariq sat cheering on his team, calling out to them, and they scored a goal—Tariq's team was now winning. As soon as they scored, Tariq shouted loudly, "Goooooal! I'm so happy! Don't lose this match! You're stronger!"

The match ended, and Tariq's team won. They celebrated, danced, and sang.

❖ ❖ ❖

The little boy ran to the café quickly, jumping up and down saying, "We won! We won! Yay!"

After that, Tariq and his friends arrived and all sat down at the café.

Uncle Muhammad said, "Since you all won, I'm treating you all to coffee! You made me really happy and proud."

Tariq replied, "Finally! I'm really so happy, Uncle Muhammad."

شِرِب الفريق كُلُّه القهْوَة.

إسْماعيل ندهْ عليْهُم و قال: "أيْه ده؟ اِلْحقوا!"

طارِق ردّ: "أيْه يا بابا؟"

"مكْتوب[1] إنُّهُم هَيْخلّوا بلدْنا و البلد اللي جنْبِنا بلد واحْدة."

"قصْدك البلد اللي إحْنا كِسِبْناها؟"

"أَيْوَه، غالبِاً."

طارِق قال: "لأ بقى، مِش لمّا نيجي نِكْسب يِخلّونا فريق واحِد!"

عمّ مُحمّد قال: "يا طارِق خلّيك ذكي. دِلْوَقْتي هُمّا بِيِعْمِلوا القصب أحْسن مِنّنا، و إحْنا بِنِعْمِل قهْوَة أحْسن مِنْهُم، عارِف ده يَعْني أيْه؟"

طارِق سأل: "يَعْني أيْه؟"

"يَعْني هتاخْدوا الحِلْو مِن البلديْن و هتْكونوا فريق أقْوى بِكْتير."

طارِق فِضِل قاعِد بِيْفكّر.

صاحِب طارِق قال: "عنْدك حقّ يا عمّ مُحمّد!"

[26:06]

The whole team drank coffee.

Ismail called out to them, “What’s this? Come see!”

Tariq replied, “What is it, Dad?”

“It says they’re going to combine our town and the neighboring one into a single town.”

“You mean the town we beat?”

“Yeah, probably.”

Tariq said, “No way! As soon as we finally win, they make us one team!”

Uncle Muhammad said, “Tariq, be smart. Now, they make better sugarcane juice than we do, and we make better coffee than they do—know what that means?”

Tariq asked, “What does it mean?”

“It means you’ll get the best of both towns, and you’ll be a much stronger team.”

Tariq sat there thinking.

Tariq’s friend said, “You’re right, Uncle Muhammad!”

---

[1] مكْتوب lit. *[it is]* written

❖ ❖ ❖

و بعْد أيّام و أيّام و أيّام...

اِتْحوِّلِت البلديْن لِبلد واحْدة كِبيرة. و اِتْحوِّل الفريقيْن الصُّغيّرين لِفريق واحِد كِبير و قَوي. و فاز بِالبطولة و اللّاعْبين خدوا ماديليات كمان.

و بعْدها راحوا محلّ عصير القصب و القهْوَة و حطّوا الماديليات في المكانين

و لمّا راحوا القهْوة طارِق قال: "شُكْراً يا عمّ مُحمّد! لولاك مكُنّاش هنْفوز بِالشّكْل ده."

عمّ مُحمّد ردّ: "اِشْكُروا صُحابْكو برْضُه. إنْتو عرِفْتوا عصير القصب مُهِمّ إزّاي؟"

صاحِب طارِق نادى على عمّ مُحمّد و قال: "مِش هتِحْتِفِل بينا يا عمّ مُحمّد زيّ كُلّ مرّة وَلّا أيْه؟"

صاحِب محلّ عصير القصب ردّ: "لأ لأ لأ! المرّة دي عنْدي أنا. كُلُّكو معْزومين على أحْلى عصير قصب!"

ضِحِك الفريق كُلُّه و عمّ مُحمّد، و راحوا لِمحلّ عصير القصب عشان يِشْربوا عصير القصب.

[27:14]

And after days and days and days...

The two towns merged into one big town. And the two small teams became one big, strong team. They won the championship and the players even received medals.

After that, they went to the sugarcane juice shop and the café and placed the medals in both places.

When they went to the café, Tariq said, "Thank you, Uncle Muhammad! If it weren't for you, we wouldn't have won like this."

Uncle Muhammad replied, "Thank your teammates too. You all found out how important sugarcane juice is, right?"

One of Tariq's friends called out to Uncle Muhammad and said, "Aren't you going to celebrate with us like always, Uncle?"

The sugarcane juice shop owner replied, "No, no, no! This time, it's on me. You're all invited for the best sugarcane juice ever!"

The whole team and Uncle Muhammad laughed and headed to the sugarcane juice shop to enjoy some juice.

و بعْديْن صاحِب محلّ عصير القصب شاف الطِّفْل الصُّغيرّ.

صاحِب المحلّ بصّلُه و قال: "ياه، هُوَّ انْتَ؟"

الطِّفْل الصُّغيرّ ضِحِك و شرِب العصير و طِلِع يِجْري.

طارِق قال: "تعالى، تعالى! بسّ مترْوحْش! إنتَ رايِح فينْ؟" و جِري وَراه و جابُه.

طارِق قالُّه: "هُوَّ إنتَ كُلّ ما تِشْرب عصير القصب تِجْري وَلّا أيْه؟ تعالى يَلّا عشان هنِتْصوّر كُلِّنا!"

و اِتْصوّروا كُلُّهُم صورة تذْكارية.

[28:32]

Then the juice shop owner saw the little boy.

The shop owner looked at him and said, "Whoa, it's you?"

The little boy laughed, drank his juice, and ran off.

Tariq said, "Come on! Don't leave! Where are you going?" He ran after him and brought him back.

Tariq said to him, "Do you run off every time you drink sugarcane juice or what? Come on, we're all taking a photo!"

And they all took a group photo together.

Comprehension Questions

1. ليْه عمّ مُحمّد ساعِد الطِّفْل الصُّغيرّ يِروح الجامِع؟
2. أيْه اللي حصل لمّا إسْماعيل طِلع البيْت و منْزِلْش؟
3. ليْه طارِق كان زعْلان و مِش عايِز يِصلّي؟
4. الطِّفْل الصُّغيرّ إزّاي عِرِف سرّ الفريق التّاني؟
5. ليْه طارِق و صُحابُه قرّروا يِزْرعوا القصب؟
6. أيْه اللي حصل لمّا الطِّفْل شِرِب العصير في محلّ القصب؟
7. إزّاي عمّ مُحمّد ساعِد فريق طارِق؟
8. ليْه طارِق طِلع مِن الماتْش؟
9. الماتْش خِلِص كام كام؟
10. أيْه هُوَّ الخبر الجِديد اللي إسْماعيل قراه في الجُرْنان؟
11. ليْه الطِّفْل الصُّغيرّ كان بِيِجْري كُلّ ما يِشْرب عصير القصب؟
12. مين اللي كان بِيِحْرُس القصب؟
13. أيْه اللي حصل لمّا البلديْن اِتْحوِّلوا لِبلد واحْدة؟
14. إزّاي عِرِف إنّ السِّرّ في القصب؟
15. ليْه الفريق حطّ الماديليات في محلّ القصب و القهْوَة؟
16. عمّ مُحمّد رأيُه أيْه في مَوْضوع تَوْحيد البلديْن؟
17. البوّاب ساعِد فريق طارِق إزّاي؟
18. ليْه طارِق كان مِتْضايِق لمّا اِتْعادْلوا في الماتْش؟
19. مين اللي دفع تمن العصير في آخِر اِحْتِفال؟
20. ليْه اِتْصوّروا صورة تذْكارية في الآخِر؟

1. Why did Uncle Muhammad help the little boy find the mosque?
2. What happened when Ismail went up to the house and didn't come down?
3. Why was Tariq sad and didn't want to pray?
4. How did the little boy discover the other team's secret?
5. Why did Tariq and his friends decide to plant sugarcane?
6. What happened when the child drank juice at the sugarcane shop?
7. How did Uncle Muhammad help Tariq's team?
8. Why did Tariq leave the match?
9. What was the final result of the match?
10. What was the new news that Ismail read in the newspaper?
11. Why did the little boy run every time he drank sugarcane juice?
12. Who was guarding the sugarcane?
13. What happened when the two towns became one?
14. How did Tariq know the secret was in the sugarcane?
15. Why did the team put the medals in both the sugarcane shop and coffee shop?
16. What was Uncle Muhammad's opinion about merging the two towns?
17. How did the doorman help Tariq's team?
18. Why was Tariq upset when they tied in the match?
19. Who paid for the juice in the final celebration?
20. Why did they take a commemorative photo at the end?

Answers to the Comprehension Questions

1. عمّ مُحمّد كان رايِح الجامع أصْلاً، فا قرّر يِساعِد الطِّفْل.
2. النّاس اِتْجمّعوا حَواليْن عربيةْ الفول و فِضْلوا مِسْتنِّيين، و عمّ مُحمّد قلِق عليْه.
3. عشان فريقْه خِسِر كُلّ الماتْشات و مقدْروش يرْفعوا راس حدّ.
4. سِمِع الفريق التّاني و هُمّا بيِتْكلِّموا عن عصير القصب و إنُّه كان السّبب في قوِّتْهُم.
5. عشان يِعْمِلوا نفْس عصير القصب اللي بيِشْربُه الفريق التّاني و يِبْقوا أقْوِيا زيُّهُم.
6. شِرِب العصير مِن غيْر ما يِدْفع و جِري، و الرّاجِل الكِبير حاوِل يمْسِكُه.
7. إدّاهُم قهْوَة قبْل الماتْش و قالوهم إنّ الموضوع مِش بسّ عصير قصب.
8. عشان خبط واحِد مِن الفريق التّاني و وَقّعُه مِن غيْر ما يُقْصُد، فا الحكم طلّع الكارْت الأحْمر.
9. فريق طارِق كِسِب الماتْش حتّى بعْد ما طارِق طِلِع.
10. هُوَّ قرا إنُّهُم هَيِبْنوا بُرْج كِبير و هَيْكون أطْوَل بُرْج في مصْر.
11. كان خايِف يِتِمْسِك و يِدْفع تمن العصير.
12. البوّاب هُوَّ اللي كان بيِحْرُس القصب لِحدّ ما يِكْبر.
13. الفريقيْن اِتّحدوا و بقوا فريق واحِد قَوي و فازوا بِالْبطولة.
14. الطِّفْل الصُّغيرّ سِمِع الفريق التّاني و هُمّا بيِتْكلِّموا.
15. عشان يِشْكُروا المكانيْن اللي ساعْدوهُم يِكْسبوا.
16. شجّعْهُم على الفِكْرة و قالُّهُم إنُّهُم هَياخْدوا الحِلْو مِن البلديْن.
17. كان بيِحْرُس القصب و يِحافظ عليْه مِن السّرْقة.

18. كان عايِز يِكْسب مِش يِتْعادِل، خُصوصاً بعْد ما عِرِف السِّرّ.

19. صاحِب محلّ عصير القصب عزمْهُم كُلُّهُم.

20. عشان يِحْتِفْلوا بِنجاحْهُم و اِتِّحادْهُم معَ بعْض.

1. Uncle Muhammad was already going to the mosque, so he decided to help the child.
2. People gathered around the ful cart and kept waiting, and Uncle Muhammad became worried about him.
3. Because his team lost every match and they couldn't make anyone proud.
4. He heard the other team talking about sugarcane juice and how it was the source of their strength.
5. To make the same sugarcane juice that the other team drinks and become strong like them.
6. He drank the juice without paying and ran away, and the old man tried to catch him.
7. He gave them coffee before the match and taught them that it's not just about sugarcane juice.
8. Because he accidentally bumped into one of the other team's players and made him fall, so the referee showed a red card.
9. Tariq's team won the match even after Tariq left.
10. He read that they would build a big tower that would be the tallest tower in Egypt.
11. He was afraid of being caught and having to pay for the juice.
12. The doorman was guarding the sugarcane until it grew.
13. The two teams united and became one strong team and won the championship.
14. The little boy heard the other team talking.
15. To thank both places that helped them win.

16. He encouraged the idea and told them they would take the good things from both towns.
17. He guarded the sugarcane and prevented it from being stolen.
18. He wanted to win, not tie, especially after knowing the secret.
19. The owner of the sugarcane juice shop treated them all.
20. To celebrate their success and unity together.

Summary

Read the scrambled summary of the story below. Write the correct number (1–10) in the blank next to each event to show the proper sequence.

___ البلديْن اِتْحوِّلوا لِبلد واحْدة.

___ طارِق خد طرد مِن الماتْش التّاني.

___ الفريقيْن اِتْحوِّلوا لِفريق واحِد.

___ الطِّفْل الصُّغيرّ اِكْتِشف سِرّ عصير القصب.

___ إسْماعيل اِتْأخّر في البيْت عشان طارِق كان زعْلان.

___ طارِق و صُحابْه زرعوا قصب في الأرْض.

___ الفريق الجِديد فاز بِالبطولة و اِحْتفلوا كُلُّهْم معَ بعْض.

___ فريق طارِق كِسِب الماتْش التّاني.

___ فريق طارِق اِتْعادِل في الماتْش الأوِّلاني.

___ عمّ مْحمّد قابِل الطِّفْل الصُّغيرّ و وَدّاه الجامع.

Key to the Summary

8   The two towns turned into one town.

6   Tariq left the second match with a red card.

9   The two teams turned into one team.

3   The little boy discovered the secret of the sugarcane juice.

2   Ismail was delayed at home because Tariq was sad.

4   Tariq and his friends planted sugarcane in the field.

10 The new team won the championship and they all celebrated together.

7   Tariq's team won the second match.

5   Tariq's team tied in the first match.

1   Uncle Muhammad met the little boy and took him to the mosque.

lingualism

Visit our website for information on current and upcoming titles and free language learning resources.

www.lingualism.com